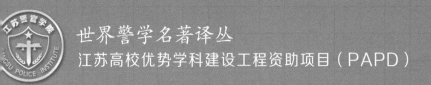

世界警学名著译丛

江苏高校优势学科建设工程资助项目（PAPD）

Unleashing the Power of Unconditional Respect
Transforming Law Enforcement and Police Training

发挥无条件尊重的力量

转变执法与警察培训

Jack L. Colwell   Charles Chip Huth

【美】杰克·L·科尔威尔   查尔斯·奇普·胡特 著 李继红 袁飞 译

Routledge
Taylor & Francis Group

江苏人民出版社

图书在版编目(CIP)数据

　　发挥无条件尊重的力量:转变执法与警察培训/
(美)杰克·L.科尔威尔,(美)查尔斯·奇普·胡特著;
李继红,袁飞译.--南京:江苏人民出版社,2021.8
　　(世界警学名著译丛)
　　书名原文:Unleashing the Power of
Unconditional Respect:Transforming Law
Enforcement and Police Training
　　ISBN 978-7-214-26034-5

　　Ⅰ.①发… 　Ⅱ.①杰…②查…③李…④袁… 　Ⅲ.
①警察-行政执法-研究 　Ⅳ.①D912.14

　　中国版本图书馆 CIP 数据核字(2021)第 084797 号

江苏省版权局著作权合同登记号:图字 10-2020-6 号

书　　　名　发挥无条件尊重的力量——转变执法与警察培训
著　　　者　[美]杰克·L.科尔威尔　查尔斯·奇普·胡特
译　　　者　李继红　袁飞
责 任 编 辑　张凉
出 版 发 行　江苏人民出版社
地　　　址　南京市湖南路 1 号 A 楼,邮编:210009
网　　　址　http://www.jspph.com
照　　　排　江苏凤凰制版有限公司
印　　　刷　南京新洲印刷有限公司
开　　　本　718 毫米×1000 毫米　1/16
印　　　张　10.25　插页 2
字　　　数　156 千字
版　　　次　2021 年 8 月第 1 版
印　　　次　2021 年 8 月第 1 次印刷
标 准 书 号　ISBN 978-7-214-26034-5
定　　　价　58.00 元

(江苏人民出版社图书凡印装错误可向承印厂调换)

前　言

作为一名测谎专家，我经常离开家人，前往世界各国，为当地的警察和执法机构提供服务，希望在遇到危险的时候能帮助他们保命。他们面临的最大危险是他们自己的思想和态度。我一直努力地向他们解释：能否成功地执法并确保人身安全完全取决于他们如何看待自己和他人。杰克·科尔威尔和查尔斯·胡特所著的《发挥无条件尊重的力量》一书非常成功，而我在此领域并没有研究成果。本书及其提出的准则不仅对执法改革起到推动作用，对于公司董事会的领导和作战指挥室的部队长官来说都具有巨大的学习价值。

除了为这本书撰写前言之外，我更想强调，我们所有人都应当接受"无条件尊重"这一理念，否则任何警察、执法机构甚至整个社会都不会有持久且积极的转变。

接受"无条件尊重"理念的警察无论是在街上执法还是在办公室办公，都能提高公信力和自信。接受并贯彻"无条件尊重"理念能够帮助警察提升工作表现、人身安全和工作效率，并且减少工作压力和来自公众的抱怨。

执法机构采纳"无条件尊重"理念能够提升整个机构的工作效率、团队士气并增进沟通。这种方式还可以帮助执法机构减少花在法庭上的时间、内部的调查、公民的投诉和法律诉讼，而且执行起来几乎不需要执法机构和警察个人付出任何代价。在当今动荡的时代，没有什么比阅读这本书并接受这些原则更能获得投资回报的了。

弗兰克·马什

（测谎讲师，询问与讯问讲师，有效沟通讲师，成功、健康、态度和团队合作讲师）

致 谢

首先我必须承认，关于"阿尼玛"，我的研究还不够深入，也永远不会完全研究透。因此，来自社会的和结构性的支持对我们每个人都非常重要。我还要道个歉，因为我有时会以一种权威的风格写作——好像我知道所有的答案。我非常想帮助警察和我们服务的社区，因此在写作中有时会显得不理智。我是一个学习者而不是权威人士；我的学习过程包括研究永恒的真理，了解来自不同背景的人的想法，专心倾听各类人士的观点，深入思考我们的社会和全世界正在发生的事情，并寻求智慧。请原谅我在写作风格上偶尔过激，并请在阅读本书的过程中参与到同样的学习过程中来。

接下来我要感谢密苏里州堪萨斯市警察局。在过去的 28 年里，我和警察局一起成长，变得成熟。我在探索"阿尼玛"特质上，还有很长的路要走，而我们优秀的警察局也是如此。感谢堪萨斯市警察局，使我有机会成为其领导学院的创始人之一，并与这么多人交流。我要特别感谢我在领导学院的同事丹·施默，他一直与我共事，忍受我源源不断的想法、观念、倡议和概念，并帮助我把它们打磨成课程和执法流程。感谢兰迪·霍普金斯、詹姆斯·托马斯和"斯基普"·考克斯，他们是服务型领导的榜样，并为我和丹提供了最佳的培训和优秀的资源。感谢瑞奇·史密斯，他最初借给我一本黛安和格斯·李所著的《勇气：领导力的支柱》的复印本，他既支持领导学院，又勇敢地纠正我的观点（有趣的是，我们在一些问题上仍然存在分歧）。瑞奇借给我的这本书促使我评估自己的正直和勇气，并让我意识到了无条件尊重的重要性。感谢马克·海切尔,经他介绍我接触到了全国认可的执法防御战术讲师团,通过他们来审查无条件尊重的战术应用。感谢国家毒品情报中心的弗兰克·马什,他介绍我认识了一群来自各个执法领域的专家,与他们一起研究无条件尊重的执法应用。感谢堪萨斯市警察局的心理学家凯·怀特,他帮助我形成自己的理念,有些还在警察局成功地实施了。

感谢我的朋友加里·黑尔,他从科罗拉州来拜访时,我意外得知他的朋友认识我最喜欢的作家。通过加里的介绍,我还认识了格斯和黛安·李,他们既是我的朋友又是我的导师——感谢他们大力支持本书及书中的观点。

最后,我要感谢我的合著者,来自堪萨斯市警察局的奇普·胡特。他帮助我把有关无条件尊重的原始论文变成了书稿,使这个概念更能让人接受。奇普自己也有了写书的想法。感谢卡罗琳·斯宾塞和泰勒 & 弗朗西斯集团的员工们,因为他们愿意邀请我们两位新手来写一本可能很重要但也有争议的书。

感谢家中与我相伴近 30 年的妻子雪莉,她一直倾听我向她分享无尽的思想、想法和概念。致我的妻子和孩子,他们一直陪伴我阅读、研究、思考和写作。致我的父母,他们总是鼓励我本书能出版两次。致我来自不同领域的朋友们:保罗·马洛里、罗伯特·卡罗尔、格雷格·杜尔(他是堪萨斯市警察局的一名警长),还有许多其他人,他们也忍受了我源源不断的想法,耐心地倾听和质疑,并帮助我打磨。在本书写作到一半时,我还得到了前往堪萨斯市附近的莱文沃斯堡军事基地交流和学习的机会。在许多方面,美国军队中那些战士学者们谦卑地提醒着我们这本书试图传达的是什么。

最后,也是最重要的一点,感谢我主耶稣基督,他代表了正直,为了爱勇敢地牺牲——这也是本书第一章开头提出的人类困境的最终答案。

杰克·L·科尔威尔

感谢所有男警察和女警察,他们每天都忠诚地为我们的社会服务。我们希望这本书作为工具,能帮助这些警察服务他人。我谦卑地认为本书中表达的观念和想法具有挑战性,而我自己每天都在接受这些观念和想法的挑战。本书的目的并不是为了快速解决组织性问题,而是试图阐述我们所面临的挑战的真实本质。杰克和我都提倡一种"由内而外"的方法来克服这些挑战。我们所选择的内在方式和看待世界的方式,都是为了使我们对他人的曲解看起来是正确的。对此我们每个人都有责任,而本书所提倡的"由内而外"的方法也正是针对这种现象提出的。

感谢本行业的服务型领导们,不管有没有头衔,他们都为自己的手下无私奉献。感谢密苏里州堪萨斯市警察局的所有男警察和女警察。我曾有机会教过来自世界各地执法机构的警察,我相信堪萨斯市警察局的警察是世界上最敬业和专业的警察团队。感谢我的合著者杰克,感谢他诚挚的友谊,感谢他为我们树立了一个领导者的光辉榜样。感谢我的家人不断的鼓励。最后,感谢我的妻子克丽丝塔多年来对我的爱和耐心。没有你们的支持,本书不可能完成。

查尔斯·奇普·胡特

我们还要感谢阿宾格研究所,他们出版了《领导力与自欺欺人》和《和平剖析》这两本书。阿宾格研究所有关自我欺骗、自我背叛、自我辩护、存在方式、视他人为人而不是物体、如何推进事情顺利进展等方面的研究成果都是我们的学习基础。我们在得到阿宾格研究所的允许后把这些成果都写在了本书中。

介　绍

　　领导力大师斯蒂芬·科维在研究中得出一个惊人的发现：早期关于领导力的研究以性格发展为研究对象。后来的研究都专注于个性：如何让人看起来不错，而不是真的很棒。[①] 由于政商勾结导致房地产市场崩溃，执法部门的公信力大幅下降，同时还伴随着社会动荡和骚乱，这些都使社会形势发生了转变。

　　这种社会形势的转变导致大部分警察在与他人和公众打交道时，表现出的是假装或做作的尊重。警察学到的是如何用眼睛"看"别人并进行言语上的"交流"，使自己看起来很尊重对方。警察对他人的真实态度是带有侮辱性和偏见性的，甚至私下交流并诽谤他人。只要警察面对公众（或是执法视频中）说的话和行为举止是专业和高效的，一切都没问题。本书将对这类培训提出质疑，反思其对执法文化和社区带来的影响。

　　大多数执法机构都认同现代执法之父皮尔爵士提出的基本使命："警察应当让公众自愿合作并且守法，这样才能获得并维持公众的尊重。"[②]随着时间的推移和人口的增长，这一原则变得尤为重要。道理很简单：公众作为"被执法"的对象，其总人口是执法部门"在职"警察人数的一千倍。如果绝大多数公众在警察执法过程中都不配合，甚至发生内乱或骚乱，结果将难以想象。对警察来说，一种选择

[①] 斯蒂芬·R·科维：《高效人士的 7 个习惯》，纽约：费尔塞德出版社，1989 年，第 18—20 页。
[②] 罗伯特·皮尔：《罗伯特·皮尔爵士的九项原则》，http://nwpolice. org/peel. html（2008 年 7 月 22 日访问）。

是投降，让暴徒等犯罪分子大肆破坏。20世纪90年代早期的洛杉矶骚乱就是这样的结果，当时的骚乱导致50多人死亡，数千人受伤，财产损失超过10亿美元。另一种选择则是实施戒严令。这种方式肯定会导致公众对警察失去尊重。公众要么被视为野蛮的占领军，要么被视为与这混乱的局势毫无关系的旁观者。唯一合理的选择是把每一次与社区的沟通都视为建立伙伴关系的机会，这样才能使警察完成基本使命，促进社区安全和繁荣。这就要求我们不懈地追求一种以正直为根基、以勇气为支撑、无条件地尊重所有人的"阿尼玛特质"。

作者简介

　　杰克·L·科尔威尔在密苏里州堪萨斯市警察局工作了 28 年,是其下属的警察学院和领导学院的联合创始人和讲师。他的职责包括巡逻、战术技能、调查研究、小学和中学普法教育、专业技能、领导力培训以及警局的发展。杰克拥有多项国家认证的领导力和个人发展方面的证书。他参加了在堪萨斯州莱文沃斯堡美国陆军外国军事和文化研究大学举办的培训,完成了 09－004 期"红色团队成员课程"并结业。他自创并成功开展了一些培训课程。他是密苏里州圣约瑟夫市的瓦特洛特学院刑事司法项目顾问委员会成员。他还拿到了佛罗里达州浸会学院理学学士学位。他和妻子雪莉结婚已有 29 年,居住在密苏里州堪萨斯市。他们育有 5 个孩子,其中 2 个已经结婚(一个孙子,另一个即将出世)。杰克的博客地址:http://unleashingrespect. blogspot. com;电子邮件:unleashingrespect @ gmail. com。

　　查尔斯·奇普·胡特是国家级培训官,也是国家执法培训中心的副主任。奇普是密苏里州堪萨斯市警察局的一名警长,拥有 18 年的执法经验。他目前担任街头犯罪小组战术执行小组的组长,协调并执行了超过 1200 次高风险的战术行动。奇普是国家认证的防御战术培训官,在警察行动与合理使用武力方面经验丰富,因此也是警察使用武力方面的专家。他是领导学院的助理教员,并同时承担密苏里州堪萨斯市警察局总法律顾问办公室、密苏里州治安警察标准和培训办公室以及密苏里州司法部长办公室的顾问。他是国际执法教育与培训协会和全国战术警察协会的成员。奇普有 30 年的习武经验,精通柔道和跆拳道。他是美国陆军的老兵,与妻子克丽丝塔和两个儿子住在密苏里州堪萨斯市。查尔斯·奇普·胡特的博客地址:http://unleashingrespect.blogspot.com;电子邮件:un-leashingrespect@gmail.com。

目 录

第一章　深藏在每位警察心中的"蓝色细线"

> 韦斯特博克集中营的犹太警察（也叫 The Ordenienst）不仅残暴，还与纳粹勾结，集中营的囚犯对他们恨之入骨。[①]

网页上与这句话搭配的照片看起来特别刺眼。照片中一群身穿制服的犹太警察，正在神气十足地操练，而他们身后却是一排已经烧黑的焚尸炉。正如奥尔德斯·赫胥黎所说："愤世嫉俗的现实主义是聪明人无所事事的最好借口。"

因此，专业的执法，需要不懈地发展个人的内在阿尼玛特质（包容、体谅、善解人意的女性特质或女性意象），应当把别人当作人来对待，根植于正直，以勇气为支撑，表现为对所有人都无条件尊重。

从历史事件或者报纸上的新闻中，我们不难得出这样的结论：人类的地位很特殊。人类既可以是最危险、最自私、最残暴和最无法预测的，也可以是最值得信任、最为别人着想、最善良和最值得依靠的。更令人困惑的是，同一个人偶尔会因为受害者和家人朋友的观点截然相反而登上头条。例如，有一位有家室的药剂师通过稀释抗癌药来牟利，却又将收入用来建教堂。[②] 第二位男子是"前教会会长和童子军领袖"，又是令人惊悚的 BTK（捆绑、折磨、杀人）连环杀人案的

[①] "韦斯特博克的犹太警察"，引自《大屠杀教师指南》，http://fcit. usf. edu/HOLOCAUST/gallery/11548. HTM（2010 年 2 月 25 日访问）。

[②] "稀释药物的药剂师被判 30 年徒刑：法官称药剂师的罪行是'对文明良知的冲击'"，CBSNews. com，2002 年 12 月 5 日，http://www. cbsnews. com/stories/2002/02/25/national/main330499. shtml。

凶手。① 在 2008 年的平安夜,一个刚离婚的男人,"没有犯罪记录,也没有暴力史","还经常在蒙特罗斯(加利福尼亚州)的救世主天主教堂担任晚间弥撒的招待员",穿着圣诞老人套装,带着"礼物",来到他的前岳父家。屋内一位 8 岁女童以为是圣诞老人来了急忙开门时,他打开礼物,用手枪射向女孩的脸部,接着又向屋内聚会的人疯狂扫射,造成 9 人死亡,多人受伤。然后,他打开了另一份"礼物",里面是一个可以喷射加压易燃液体的装置,他点燃整栋房子后,逃回兄弟家里,开枪自杀身亡。邻居们都惊呆了,其中一位形容他是"你能想到的最好的人,他总是面带微笑,和他谈话很开心"。②

每天都要面对这些现实的英雄们正是我们的警察。现今的文明社会把最危险和最不可预测的人都交给了警察来对付。而警察为了顺利执法,还要和每位居民沟通,获得社区的信任和支持。

我们谦卑地认为,有一种"阿尼玛特质"可以让警察们在应对人类各种极端行为时安全有效地运作。"阿尼玛"(女性意象)是一个非常吸引人的词,特别适合用来解释这个概念。从词源上说,"阿尼玛"指的是真正的内在自我,或者说是心理,而不是一个人的外在形象或职业面孔。历史上"阿尼玛"一词曾指 16 世纪使用的一种护甲,类似于罗马军团的装备。这种护甲不同于盾牌,主要是穿在身上用来保护关键部位。因此在本书中我们倡导个人的"阿尼玛特质":这种内在的自我对警察特别重要,因为借用柏拉图的《理想国》所说,警察是社区的高贵守护者。警察在面对冷嘲热讽和不领情时,只有怀有这种"内心的护甲"才能让自己的热心和激情不受伤害,这是大多数人永远都无法真正理解的。阅读此书的守卫者们,我们对你们的勇敢和无私奉献表示崇高的敬意。我们推荐此书有两个原因:一方面向你们叙述令人痛苦的现实,直言不讳;另一方面对于那些被高强度的压力压垮的警察同行们,期望给你们带来一些充满希望的见解。这种令人崩溃的压力不仅来自我们内心,还来自外界对我们职业的偏见。好比一位医生要在病人身上找致

---

① 山姆·科茨,"雷德因杀死 BTK 杀手被判 175 年徒刑:'我希望有一天上帝会接受我',《华盛顿邮报》,2005 年 8 月 19 日,第 A03 页,http://www.washingtonpost.com/wp-dyn/content/article/2005/08/18/AR2005081800201.html。

② 克里斯蒂娜·霍格,"穿圣诞服的人在平安夜杀死 8 人",美联社,2008 年 12 月 26 日,http://news.yahoo.com/s/ap/20081226/ap_on_re_us/santa_shooting(2008 年 12 月 26 日访问)。

命的癌细胞做活检,诊断的过程肯定要比治疗的过程更痛苦,对于这种困境,我们应该对你们说声抱歉。

上述观点并不是任何行为理论,而是要表达一种"内在方式"。使用"阿尼玛"一词只是想突出这种观点的不同之处。几十年来,执法部门接受的培训都要求以一种战术性的外在形象和职业面孔与公众互动。我们提倡的"阿尼玛特质"植根于个人的正直,并以勇气为支撑。它表现为无条件地尊重所有人。就像穿在身上的护甲一样,这种内在的特质能从情感、精神、社交和战术上保护好高贵的守护者——警察。① "阿尼玛特质"不仅提高了工作中的个人安全,而且在上班时或下班后同样有效。警察确保人身安全的同时,不再需要对各类人和各种社会环境做心理认知准备。作为警察压力和情感生存方面公认的权威,凯文·M·吉尔马丁博士认为,警察执法面临的心理和社会困境主要来自他们心理的一种认知状态,叫"高度警觉"。这种认知状态让警察感觉工作中遇到的任何情况都有可能给自己带来人身伤害,使警察在转变角色过程中受到一定的刺激,以至于下班后回到家中精疲力尽,越来越不愿与警察之外的人交往。吉尔马丁认为应当培养警察下班后一种非高速警觉的认知状态。② 如前文所述,我们提倡的"阿尼玛特质"就是无条件尊重,这种认知状态使警察工作时能够保证自己人身安全,并且面对任何社会环境都能够随时转变角色,这一观点在后文中还将详细阐述。

"阿尼玛特质"这一概念看似简单,想要彻底理解它并付诸实践却需要最严格的自律。为什么呢? 因为警察们在追求这种"阿尼玛特质"的同时,还必须在现有的社会环境中找到自己的现实角色,这种社会角色和下文故事中提到的那些人是不同的。正如第一章的前文所提到的,为了清醒地看待我们的"人类潜力",不妨想想那些在短短几天内从"普通"地做着正常贸易的商人转变成纳粹政权的刽子手。《华盛顿邮报》专栏作家理查德·科恩写的电影《垮台》的影评中就提到了这

---

① "阿尼玛",Dictionary.com,WordNet®3.0,普林斯顿大学,http://dictionary.reference.com/browse/anima(2008年7月25日访问);"阿尼玛",Reference.com,维基百科,http://www.reference.com/browse/wiki/Anima(2008年7月25日访问)。另参考 http://southtowerarmouringguild.blogspot.com/2007/11/anima-armour.html。我们所讨论的"阿尼玛"并不是其荣格的意义,而仅仅是"内在自我"的概念。

② 凯文·吉尔马丁博士,"过度警觉:一种习得的知觉集及其对警察压力的影响",http://emotionalsurvival.com/hypervigilance.htm(2009年9月4日访问)。

点,《垮台》这部电影看起来非常刺眼,讲述的是希特勒晚年在地下堡垒中的故事。关于德国人如何崇拜希特勒的人性和罪恶,并且在令人难以置信的短时间内迅速形成牢固的民主社会,科恩这样写道:

> 所有人都极其疯狂……第三帝国的德国人,柬埔寨人和卢旺达人以及1937—1938年南京大屠杀的日本人,他们都让我们印象深刻。①

回想一下1994年中期卢旺达的种族清洗,当时多达100万卢旺达人被碰巧具有不同种族背景的同胞屠杀。伊玛库莱·伊利巴吉萨藏在一间小浴室里长达数月,才在这场种族大屠杀中幸存下来。伊玛库莱在书中讲述,自己一直躲在一位牧师的家里避难,听到了很多有关屠杀的故事并获取情报。那些人一直在追捕她,打算用砍刀和长矛把她砍死。有一次,她能清楚地听到一个"家庭朋友"的声音,说她是他碾死的数百只"蟑螂"中的一只。②

一位叫耶希勒·迪努尔的集中营幸存者出庭指证阿道夫·艾希曼,阿道夫·艾希曼是纳粹大屠杀的缔造者。法庭上初次见到艾希曼,迪努尔很快便情绪失控,晕了过去。后来法官问他为什么情绪失控晕了过去,他说艾希曼看起来并不像自己想象的那样残忍,而是非常普通。他在艾希曼身上看到了自己的影子,于是情绪失控。③

虽然社会背景和环境永远不会消除个人责任,但美国心理协会在线期刊上一位鉴定证人对阿布格莱布监狱丑闻表达了这样的观点:

> 善良与邪恶之间的分界线是可以逾越的……我们任何人都可以跨来跨去……我觉得我们都拥有变得既善良又邪恶的能力——既可以做德兰修女,也可以做希特勒。现实情况就是这样。④

---

① 理查德·科恩,"邪恶的自愿追随者",《华盛顿邮报》,2005年4月26日,http://www. washingtonpost. com/wp-dyn/content/article/2005/04/25/AR2005042501347. html(2009年8月1日访问)。
② 伊利巴吉萨,《遗言:在卢旺达大屠杀中发现上帝》,加州卡尔斯巴德市:海伊出版社,2007年。
③ 查尔斯·科尔森在他的《谁为上帝说话:决定你将赖以生存的价值体系》一书中谈到了这种说法,伊利诺伊州开罗斯奇姆:廷代尔出版社,1994年。
④ 梅丽莎·迪特曼,"是什么让好人做坏事?"APA在线:心理学监测第9期,第35页,2004年10月,http:// www. apa. org/monitor/oct04/goodbad. html。在这篇文章中,美国心理学协会前任主席菲利普·津巴多从研究中得出结论,帮助解释伊拉克阿布格莱布监狱虐囚事件背景下的邪恶。

显而易见的是,在当前的社会环境中,我们提倡的"阿尼玛特质"以正直为基础,需要正确行事的勇气,而不是自我冒险。像迪特里希·邦赫奥弗这样的人就具有这种"阿尼玛特质",他是一名基督教牧师,直到最终被关进监狱并处死,都拒绝与纳粹合作。这种"阿尼玛特质"还塑造了像圣雄甘地、纳尔逊·曼德拉和马丁·路德·金这样的人,他们敢于与经常席卷人类的势不可挡的社会邪恶浪潮作斗争。有时他们领导一场革命来改变一种文化,有时他们孤独地死在刽子手的手下,但他们留下的遗产却依然回荡在历史的长河中,激励着其他人继续前行。为此,我们所倡导的这种特质不仅使警察更安全、更有效,而且还提供建设性的社会影响,甚至鼓舞人心。我们并不是声称我们已"取得"这种特质;相反,我们邀请其他人加入我们所尝试过的最困难的个人发展、履行责任和义务的过程中来。

在本书中,读者将看到两条截然不同的道路。一种是老生常谈的大众之路,让自己被主流社会压力和文化思维定式所支配和控制。另一种是个人"阿尼玛特质":视所有人为人,以正直为基础,以勇气为支撑,并表现为无条件地尊重所有人。

培养个人"阿尼玛特质"始于一些简单但深刻的认识,并围绕它们建立责任体制。这些新的结构可以通过以下几点来量化:

- 我是一个人,具有自省的天赋。换句话说,我有良知,因此我要对我的思想、言语、行为和不作为负责。
- 我不是简单地刺激反应机器。我不能因为本能的反应就去批评别人。
- 我必须意识到,我也有偏见、忠诚、欲望和恐惧,这些都会影响我的判断,使我产生自欺欺人的想法。换句话说,当我做错事时,会自我欺骗并怪罪于别人或外部环境——即使我的想法是极其错误的,我也会本能地认为自己是对的。

在本书中,我们打算证明这种"阿尼玛特质"在执法中是非常必要的,它将为释放无条件尊重的力量所带来的生理、心理、社会学和战术上的好处提供基础。

本章将论述为什么在崇尚勇敢的执法文化中反而会缺乏勇气。第二章论述个人正直是无条件尊重的基础,人的一生中保持正直是最困难的事情。第三章列举无条件尊重带来的战术上的优势。第四到第六章论述无条件尊重带来的个人内在的优势,其中第五章重点论述以"阿尼玛特质"为核心的领导力。第七章论述无条件尊重下,执法人员如何与管辖的社区互动。第八章论述无条件尊重如何塑造过硬的品性。最后,第九章将讨论如何影响组织文化向无条件尊重转变。

自由的国土,勇敢的家园——但勇敢的人在哪里呢?

在一次领导学院的课程结束后,一名警察走向教官,对他说了这样的话:"我当时都准备放弃了,要辞职了。我在我们城市的一个种族区长大,那是我的家。我来警局是为了服务这个我深爱的社区。听到其他警察在我面前抨击我的社区,我感到很痛苦,就好像我不存在一样,或者他们认为我戴着徽章,我就应该像他们对待社区的人一样愤世嫉俗和不尊重。但现在我看到领导学院正在教授无条件尊重,这将逐渐成为这个组织文化的一部分,我很受鼓舞。我再次对自己抱有希望了。谢谢你。"

我回答他:"不,这位警察——应该感谢你!"

勇气:"见光死"

社会研究者和哲学观察家们普遍认为,人类最基本的生存本能的核心是与社会联系。历史上,与社会群体脱节不仅意味着个人的死亡,还意味着个人的家庭和子孙后代的死亡,甚至意味着"社会契约"本身的死亡。

以西方哲学家苏格拉底为例,他宁愿自杀也要维护社会契约。即使已安排好了一条逃亡之路,但他却宁可喝下毒药,也不愿违背社会契约。据说,这位伟大的哲学家相信:一个人生活在民事和社会系统里,他/她即使面对不公正的事情也能够怀有荣誉感。[①]

---

① 柏拉图,《克里托篇》,公元前 360 年,译本,本杰明·乔维特,http://classics.mit.edu/Plato/crito.html。苏格拉底之死是一个复杂的问题。他以勇敢的英雄之死来维护自己的核心道德信念:"犯错误比忍受错误之苦更糟糕。"他死时遵守了雅典的法律。因此,他的死可以看作是对社会契约的维护。

有一种盛行于非洲南部的哲学,它以人际关系和社会忠诚为中心,被称为"乌班图精神"。要理解这句哲理,就必须知道与其有关的术语。*SawaBona* 用于打招呼,意思是"我看见你了",和英语当中的"你好"是一个意思。对方回复"Sikhona",可翻译成"我在这儿呢"。也就是说,在你看见并认识我之前,我是不存在的。当你看见我时,也就证明了我的存在。① Umuntu ngumuntu abantu 这句哲理的意思是,一个人能够作为人而存在取决于别人。没有别人,这个人就不会被当做生命看待。以圣经中近东地区违反社会契约的一个人为例:

> 以色列众人把亚干……和他的子女都抓了起来……以色列众人把石头扔在他们身上,并且用火焚烧。众人还在他们身上堆了一大堆石头,直至今日。②

从远东的一些传统来看,格斯·李解释了为什么"最大的恐惧是空虚,与社会脱节,被家族抛弃"。③

所有这些事例都表明,从内心来说,人类都害怕被群体或宗族排斥,因为这种命运要比死亡更糟糕;任何世俗的人都把这种命运看成是"永恒的死亡"。因此,历史上一些最引人注目的勇敢行为代表了一种强烈的愿望,即维持和保护自己在社会环境中的地位,并捍卫自己所认同的社会环境。因此,如果缺乏坚定的个人正直的"阿尼玛特质",缺乏独立反抗社会潮流的勇气,那么他所认同的社会环境一般就会成为其价值观和行为规范的决定因素。

在面临所处的社会群体带来的压力面前,能够怀有正直和勇气并独善其身的人少之又少。这一事实是一个特别严重的问题,因为当人们选择从他们的社会群体中得出他们的是非观念时,他们在道德上是自欺欺人的。同时,他们对自己的自欺欺人视而不见,因为自欺欺人与自我辩解、谴责和指责他人的内心活动同时存在。

---

① Thembayona Paulus Emmanuel Manci,《非洲宗教对贫困的反应》,具体参考 Umzimkhulu 市, http://etd. unisa. ac. za/ETD-db/theses/available/etd-01302006-152512/unrestricted/01thesis. pdf(2009 年 9 月 5 日访问)。

②《约书亚记》,第 7 章,第 24—26 页,雅各王版本, http://bibleresources. bible. com/passagesearchresults2. php? passage1=Joshua+7&book_id=6&version1=9&tp=24&c=7(2009 年 9 月 4 日访问)。

③ 李,《勇气:领导力的支柱》,旧金山:约瑟·巴斯出版社,2006 年,第 39 页。

C. 特里·华纳对上述理论进行了详细的论述,并得出这样的结论:"人类会强迫自己不去了解自己,在区别什么是正确与错误的行为上也会违背自己真实的意愿。"①这些人在与社会结构系统的互动中会把自我欺骗表现出来。早在1961—1962 年间,耶鲁大学的斯坦利·米尔格拉姆博士就出人意料地(双关语)论述了上述事实会带来的影响。随机找来的实验对象很容易被说服,按下痛苦或者致命的电钮,电击他们不认识的人。很多"刽子手"圆满完成实验后都表现出自豪感。

> 当看似绝对权威的形象挑战被试者强烈地不去伤害他人的道德底线的时候,当被试者的耳边回响着受害者的尖叫声的时候,大部分权威者还是会成功地让被试者顺从。②

米尔格拉姆的研究成果证实了汉娜·阿伦特的饱受争议的论断,实在令人遗憾。汉娜·阿伦特是一位 20 世纪的政治哲学家,她在《耶路撒冷的艾希曼:关于平庸之恶的报告》中指出,纳粹领导人阿道夫·艾希曼和死亡集中营的刽子手们并不是人类的怪物。相反,他们是令人不安的普通人,遵循忠诚和服从的价值观。艾希曼和他的同伴们只是在一个社会体系中工作,这个体系加速了他们的道德意识和责任感与他们尽职尽责地实施令人发指的暴行之间的脱节。

> 阿伦特这样总结 …… 艾希曼是一个完全无害的人。他毫不犹豫地执行命令,高效地完成任务,不用考虑他的行为会给目标对象带来的影响。对艾希曼和支持者们来说,消灭犹太人和分配给他们的其他任务没有区别。③

下面一个例子是 1971 年福特汽车公司处理"斑马"汽车事件面临的道德两难。报告显示,在生产前期,碰撞测试工程师发现车辆低速追尾碰撞(约 30 英里/

---

① C. 特里·华纳,《我们是什么》,1986 年和 1999 年版,http://www. arbinger. com/downloads/what_we_are. pdf(2008 年 7 月 22 日访问)。C. 特里·华纳博士是杨百翰大学哲学系主任,阿宾格研究所创始人之一。

② "服从的危险",《哈珀斯杂志》,摘录并改编自斯坦利·米尔格拉姆的《服从权威》,1974 年版,http://www. age-of-thesage. org/psychology/milgram_perils_authority_1974. html(2008 年 8 月 2 日访问)。

③ 马吉德·亚尔,"汉娜·阿伦特(1906—1975):生活和作品的年表",2006 年,http://www. iep. utm. edu/a/arendt. htm # H6(2008 年 8 月 2 日访问)。当时,一些人对她的作品反应强烈,但她的作品被认为是非常可信的。

小时)时,油箱会破裂漏油,车门变形锁死。这种情况将造成不可想象的后果。驾驶员被困在自燃的车中,被烧得惨死。福特公司在生产这款汽车时面临社会和经济收益两方面的选择压力。甚至还编写了毫无人性的"成本效益分析",最终并没有对斑马汽车做任何必要的改装设计便投产了。[①] 一张照片展示了斑马汽车驾驶员在追尾后生命的最后时刻所遭受的恐怖一幕。这张照片胜过电子表格上各种数据。

另一项大学研究表明,人类很容易歪曲他们明知很重要的道德规则。研究对象遇到紧急情况时更愿意视而不见,而不是停下来帮助别人,因为受试者会想象自己很忙,有很多人在别处等着他们。相比停下来帮助别人这种个人正义感,不要迟到这样的社会责任显得更为重要。更为讽刺的是,着急离开的人正是要去给别人上课,教他们圣经中一位助人为乐的典范:"善良的撒玛利亚人。"[②]

20世纪40年代,一位名叫约翰·里德的芝加哥侦探凭借人类具有自欺的天赋这一点,建立了一套世界知名的审讯流程。里德认为,要想让有罪的执法对象认罪,关键在于找到一个可以让他谴责别人的话题:

> 从道德上把嫌疑人的行为归咎于别人或者根本不在场的人。建立这套流程主要基于最基本的人性——绝大部分人都会怪罪于别人或某事,从而使自己需要承担的责任最小化。[③]

用一个类比来总结这个现实,对有勇气独自面对社会潮流而言,正直(不以个人的偏见、恐惧、忠诚和喜好来辨别是非)就像氧气。正直为死去的勇气注入生命(当我所处的社会群体的成员不同意这种行为时,不顾个人危险为正确的事情而

---

① 马克·道伊,"平托疯狂",《琼斯母亲》,http://www. motherjones. com/politics/1977/09/pinto-madness (2009年8月8日访问);匿名,"人们眼前的利益",加拿大和世界背景,2003年5月1日,http://elibrary. bigchalk. com. proxy. mcpl. lib. mo. us/libweb/elib/do/document? set=search&groupid=1&requestid= lib _ standard&resultid = 1&edition = &ts = 02BFEFF55FB6DA58523FE554588D5BCF _ 1221995789393&start=1&urn= urn% 3abigail % 3AUS% 3BBCLib% 3Bdocument% 3B75236710(2008年9月21日访问)。

② J. M. 达利和C. D. 巴特森,"'从耶路撒冷到耶利哥':情境和性格变量在帮助行为中的研究",JPSP 1973年第27期,第8—100页,http://faculty. babson. edu/krollag/org_site/soc_psych/darley_samarit. html(2008年7月22日访问)。慈善的撒马利亚人出现在路加福音第10章第25—37页,国王詹姆士版本。

③ "里德技术",http://www. reid. com/educational_info/crititechnique. html(2008年7月21日访问)。

行动)。

自我欺骗就像一氧化碳(CO);它是正直的反面,且会扼杀勇气。一氧化碳中毒的潜在问题是,受害者通常会把症状(恶心、呕吐)归咎于其他原因,比如流感病毒或变质的墨西哥卷饼。然后,受害者会在杀死他的环境中"睡过去"。同样,自我欺骗的潜在问题是,受害者会将这些症状(冷漠、愤世嫉俗、关系破裂、流言蜚语泛滥、无效的沟通、没有问责制)归咎于其他人和其他事。然后,受害者在自我欺骗中"睡过去",这种自我欺骗正在摧毁他的心理、情感和社会认知。从图示"一连串的危险"(图1.1)中我们可以看出问题症状和自我欺骗之间的关系。

一连串的危险

支持这些危险并允许任务与灾难相联系的"字符串"就是自我欺骗:

盲目的预设和图式被个人的理由和/或针对他人的责备来强化。不面临任何

挑战的自我欺骗会变成盲目的(讨论或不同意都不安全)群体思维。

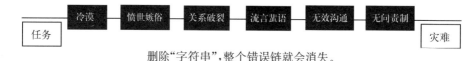

删除"字符串",整个错误链就会消失。

"字符串"上的链接站不住脚,错误链就不存在。

尽管缓解策略可以用来识别和减轻每个单独的危险,但主要应该放

在消除所有"字符串"上,因为所有的危险都依赖这种"字符串"。

要想与"一连串的危险"进行有效的互动,

唯一的方法是先假定"我的自我欺骗就是那串危险"。

图1.1

找回勇气:将其扎根于个人的正直,并将其与勇敢区分开来

从历史上看,勇气和勇敢是同义词:它们都意味着为了做正确的事,宁可冒着生命危险也要采取肢体上的行动。而勇气被认为是为了做正确的事而采取符合个人道德的行动。如果我们在勇气和勇敢之间再画一条界线,结果会怎样呢?如果勇敢以这种方式为人所知呢?当社会群体相信且支持行动者时,勇敢就意味着不顾个人风险,为了正确的事情而行动。

当一个装备精良的"无特定目标的随机犯罪射手"正在射杀无辜者时,一名警察孤军冲进大楼与其对抗,这名警察行为是极其勇敢的。所有人都会知道这件事,并为这名警察鼓掌。

我们希望将勇气和勇敢明显区分开来:勇气是指即使社会群体不支持行动者时,行动者也会不顾个人危险,为了做正确的事情而采取行动。

带到行动中的勇气与"见光死"的勇气

一名警察在和几位同事交谈时,突然有人转移话题讨论某个少数民族居住区域的混乱和破烂不堪。此外,这群警察一致认为,这个少数民族主要居住的城市区域可能要用"凝固汽油弹"烧光才能解决警察最头疼的问题。维护少数民族的尊严和价值需要非常大的勇气。警察可能会不可避免地被整个社会疏远,警察的人身安全也会受到威胁。虽然坚持持久的是非原则在短期内可能代价高昂,但从长远来看,这对所有人都是有益的。

例如,想想那些被称为告密者的人。这些人违反了 silos of omerta(一个与有组织犯罪相关的术语,指的是沉默准则),指出企业和政府中存在的肆无忌惮和危险的行为。在短期内,他们不受欢迎,被诽谤、降职,甚至被解雇。这是因为整个社会架构,包括工作场所,自然而然地倾向于将忠诚置于正直之上。然而,从长远来看,他们给那些丧失了诚信和社会良知的机构和政府部门带来了持续的问责制和透明度监管。告密者确保了一个安全的工作场所和社区,并起到了防范暴政的作用。①

一位年轻的文员在一次私人谈话中突然勃然大怒,仿佛有电流击中了她的神经。这时电话突然响了,从来电显示能看出打电话的人来自该机构的另一个部门,这位文员又必须压低声音接电话,这时她会有一种厌恶的感觉。工作经验告诉她,电话那头的人可能很生气,因为她既粗心又粗暴。她很想知道,如果其他部门的员工也被如此粗暴相待,那么把该部门比作城市某个社区的话,社区内的居

---

① 查尔斯·S·克拉克,"告密者",CQ 研究,国会季刊,http://library.cqpress.com.proxy.mcpl.lib.mo.us/cqresearcher/getpdf.php? file=cqr19971205.pdf(2008 年 9 月 21 日访问)。

民又会有何种反应呢？是什么导致了整个部门都被认为粗鲁无礼？有时候，个别部门的警长执行命令时就像社会恐怖分子，通过普通百姓以及他们"服务"的社区，传播敌意和玩世不恭，如同流行病般，只会给社区带来更多的危险。（参考图1.1"一连串的危险"）

这位假想的警长和读这本书的人以及写这本书的人没有什么不同。他们在自我欺骗的"一氧化碳（CO）中毒"中安然无恙；除此之外，他们还有两个问题：

· 他们在一个以避免冲突（怯懦）为社会准则，没有任何制度来促进勇气的组织中工作，该组织也不"鼓励"成员为了做正确的事情而行动。

· 在避免冲突的文化里，没有人在熟人圈里还能拥有坚定的个人正直和勇气（阿尼玛），并以最基本的尊重形式来对待他人。对每个人来说，他周围的人都拒绝坚持永久性的是非原则。他们既没有给指挥官提供真正的、中肯的、及时的反馈，除了指挥官深陷自我欺骗的毒害中之外，每个人都知道他需要这些反馈，也没有让指挥官对他的行为和结果负责。（另一个"一连串的危险"）

与此同时，不提供中肯的、及时的反馈或追究他人责任的决定是如此沉浸在自我辩护和谴责他人的内部对话中，以至于没有意识到要及时提供相关反馈。相反，如果有人最终采取行动，那只是在他们的愤怒和沮丧达到极点之后。他们暴跳如雷，吐出既不尊重也不相关的恶毒字眼。他们使自己的行为成为一种奇观，使原本需要反馈的人的行为黯然失色，并为之辩护。"不服从命令的鲁莽之人"一般都严于律己，并被指派做那些最不受欢迎的工作（又是一种"一连串的危险"）。结果，文化陷入螺旋式的下跌，变成了愤世嫉俗、阴郁的敌意和没有责任感的冷漠。

支撑勇气：建立制度支撑，夯实社会基础

1997年，著名的反警察腐败人物弗兰克·塞尔皮科出现在新成立的纽约市议会上，和26年前一样，他以"告密者"的身份提供了警察腐败的信息（塞尔皮科更喜欢被称为"点灯者"，而不是"告密者"）。塞尔皮科认为，从警务体系最高层到最

基层,都存在支持"蓝色沉默墙"的社会体制。他解释说,警察组织的最高层需要树立好的榜样。如果高层的行为危害个人和组织的正直而不被追责,那么一线警察在处理暴力案件时,因错误的行动而付出巨大代价就不足为奇了。

　　塞尔比科敦促议会通过奖励正直的警察来打破"蓝色沉默墙"。"我在25年前就对克纳普委员会说过这句话,"塞尔比科说,"我们必须营造一种氛围,让不诚实的警察害怕诚实的警察,而不是反过来。"①

前面的章节介绍中提到,本书最后一章探讨能够影响组织文化的实际方法,使其朝着正直、勇气和无条件尊重所有人的方向发展。就目前而言,可以说,由于人类的天性是在不知不觉中与他们所认同的社会和结构体系保持步调一致,因此,规定性的组织价值观必须明确地植根于重要核心价值观,如正直、勇气和品格。② 从高层到基层,都应当使操作性的价值观(实际行动上的价值观)和规定性的价值观保持一致。政策和社会互动(为了做正确的事采取的行动)必须支持规定性的价值观。只有不断地投入,每位警察的"阿尼玛特质"才能得到发展和支持。

执法机构历来鼓励和灌输勇敢,这是好事。现在是时候开始鼓励和灌输植根于正直的勇气了。如此,不仅可以打破个体的自我欺骗,还可以打破由自我欺骗所造成的"蓝色沉默墙"。只有当勇敢、中肯和尊重的沟通成为警察文化的规范时,各级警察组织才会为了坚持持久的是非原则而制定真正的问责制。这将促进警察和公民互信,使警察为了他们的基本使命——执法,去发挥他们的天赋和创造力。随着时间的推移,这将在组织中产生巨大的影响力,并与他们的社区协同提高效率。这是显而易见的,正如前文所说,受社会所影响的结构体系会导致大规模的恶行,那么与其相反的情况也会发生。发挥个人"阿尼玛特质"的力量(根植于正直,对所有人无条件尊重)能够带来巨大且积极的结果。

现在,我们将话题转向一个人如何在组织内对抗社会潮流,找到勇气去真正地尊重所有人,而不用考虑社会风险。

---

① 佩格·泰尔,"塞尔皮科重提他对纽约警察局长达数十年的批评",路透社,1997年,http://www.cnn.com/US/9709/23/serpico.brutality/index.html#cases(2008年8月2日访问)。
② 李,《勇气》。

第二章 正直:无条件尊重的基础

乍一看,保护自己社会地位的强烈愿望似乎并不会成为正直的障碍,但这是一个危险的设想。这一单一问题以多种方式表现出来,即使不是全部,也可以说是大多数破坏性偏见和轻蔑或冷漠等态度的根源,而这些态度如今正困扰着执法机构。如果要以一种幽默的、通俗的方式来描述这种现象,那么可以亲切地称之为"倒混蛋理论":

> 当我刚来的时候,我很快就意识到我每天对付和逮捕的人都是些混蛋。他们愚蠢、吵闹、垃圾、身上有臭味。当我和我的老伙伴们(非执法人员)谈论踢这些混蛋的屁股有多么爽时,我意识到我的老伙伴们并不明白:事实上,他们也是混蛋。后来我收到了一些市民的投诉,因为他们听说我会当面骂一个被捕的人有多么的混蛋,这时我认为,任何不执法的人都是混蛋。接下来一些警长因为这些混蛋的投诉而对我指手画脚,现在我觉得这些指挥官也是混蛋。这些混蛋指挥官即使无所事事,也要掌控整个部门,从来不承担责任,也不关心警察的装备够不够。真是一群混蛋!据我观察,其他部门的指挥官就没有掌控整个部门,他们逃避投诉电话;也是混蛋!我终于明白了,除了我的搭档,每个人都是混蛋;虽然我怀疑他也是混蛋,但我没有告诉他,而是和我周围的混蛋说了,毕竟大家都是半斤八两。①

---

① 这种警察认知的理论结构(或其多种形式)广泛流传,通常被认为是对内部现实的一种幽默的夸张解释。这种理论可以被认为是民俗学;其作者也不知道该理论的来源。

　　阿宾格研究所在《和平剖析:解决冲突的核心》一书中,用更专业的语言系统地阐述了上述现象。① 阿宾格将这种形式的自我背叛称为"比盒子更好"。自我背叛者认为自己优越、重要、善良、正确。他认为别人低人一等,无能,无足轻重,虚伪,有错误。因此,他会有不耐烦、鄙视和漠不关心的感觉,认为这个世界充满了竞争、麻烦且需要他。有趣的是,在《新约全书》中,具有这种人格的人被叫作"法利赛人"。他们认为自己在道德上高人一等(路加福音第 18 章第 9—12 节),并且鄙视耶稣,因为耶稣对道德低劣的人也很尊重(路加福音第 15 章第 1—2 节)。马太福音第 23 章中写着耶稣对法利赛人的评论。

　　为了说明这种自欺欺人是如何起作用的,设想一下,你反问一屋子的警长:"你刚刚升职,然而第一次参加指挥官会议就要迟到了,那么你可以超速行驶吗?"只有精神病患者才会问这个问题。这种问题毫无意义,不起作用。一般来说,执法人员身处在每个人都善于自我辩护的社会环境中(在这种情况下,他们想什么时候超速行驶都可以),所以这个问题听起来就像有人在用外语嘀咕。现在再反问警长们另一个问题:"假如你是一个就读于贫民区学校的青少年。你从未见过的父亲正在坐牢,而你的母亲是一个瘾君子和妓女。你每天都生活在欺凌和暴行的恐惧中。你只经历过警察的敌意和蔑视。你为了自我保护而加入了帮派,当一位警长从你身边超速行驶过去时,你认为他是十足的伪君子并且感到很愤怒,这样合适吗?"

　　阿宾格详细地阐述了新约的陈述,阿伦特对此提出了假设,米尔格拉姆进行了论证,约翰·里德使这一陈述得以发展。当一个人把另一个人当作"不像人类的物体"时,人类的大脑就会自动倾向于自我辩护。当我们自我辩护的时候,我们会变得越来越沮丧和愤怒,因为我们放大了他人的弱点和错误,并形成刻板印象。

　　这就是为什么没有以勇气为支撑的内在正直,就不可能拥有无条件尊重他人的内在态度。C. S. 刘易斯对此做了简单的解释:"勇气不仅仅是一种美德,而且还是每一种美德接受考验时的表现形式。"如果人们的价值观来自社会规范,而不是内心坚定的正直(例如,警察可以超速):②

　　• 他们会自然而然地感到受到威胁,并鄙视那些从不同社会规范中汲取

---

① 阿宾格研究所,《和平剖析:解决冲突的核心》,旧金山:巴雷特·科勒出版社,2008 年,第 107—108 页。
② 李,《勇气》,第 11 页。

价值观的人（例如那些认为加入帮派并憎恨警察是非常正确的人）。

• 他们会失去无条件尊重他人（即将其视为人而待）的能力，在轻视他人的同时还把责任归咎于他人。

• 他们会自然而然地对社会价值观的恶化视而不见。

• 他们会缺乏勇气，面对社会潮流不能一直坚持是非原则。

前面提到的"沉默的蓝墙"是一个令人不安的注释，它意味着允许自我欺骗（与个人正直相反）和虚伪的社会认同最终会发展成对自然和社会都有害的结果。历史上最令人震惊的案件之一是现在臭名昭著的海地移民艾布纳·路易玛的故事。1997 年，他在纽约警察局被拘留期间遭到木棒殴打和性侵。更令人不安的是，"蓝色沉默墙"持续了近两年，一直拖到审判开始。报告指出，很多警察看到了这种暴行，但是并没有进行干预：

> 这名警察在对艾布纳·路易玛行凶时，还向其他警官吹嘘"他是如何制服一个人的"。"他竟然拿起了那根还沾着路易玛粪便的棍子，在警区里走来走去，当着其他警察的面挥舞着那根沾满粪便的棍子。"①

上面的叙述简明而又悲哀地展示了放任猖獗的内部自我欺骗和外部谴责而不追究责任的文化造成的后果。（见图 1.1：一连串的危险，中间只是插入不同危险）。相反，当一个人具有辨别是非的正直，不会被自我辩护、自我正义和蔑视他人的社会潮流所淹没时，这个人的性格中就会表现出视他人为人的意愿。这种意愿表现为对所有人无条件的尊重，以及有勇气去面对那些蔑视他人的人。对于那些有强烈个人"阿尼玛特质"的人来说，他们会潜意识地思考这样一个问题："什么是正确的？""当这些具有高尚道德品质的人开始为正确的事情而行动时，社会文化就会慢慢地转变。其他几乎或根本没有个人'阿尼玛特质'的人，当他们看到一种正直的文化在他们周围出现时，他们可能是第一次面对自己内在的是非意识——他们的良知。他们开始问三个问题："什么是正确的（我是否正直）？为正确的事情而行动值得吗（我有勇气吗）？我能做到吗（我有技能吗）？"

---

① "纽约警察严刑拷打黑人被判 30 年监禁"，CNN. com，1999 年 12 月 13 日，http://archives. cnn. com/1999/US/12/13/volpe. sentencing. 02/index. html（2008 年 7 月 22 日访问）。

30 法则

为了说明这个概念,我创建了量化表,从 0 到 30 对个人的正直、勇气和在任何特定情况下都能为正确的事情而行动的技能进行评分(正直点)。在量表的最高点(30 分),一个人会不顾社会压力和个人风险坚持为正确的事情而行动,并且有能力做到这一点(例如,弗兰克·塞尔皮科,他是成千上万纽约警察中的一员)。在所有群体中,具有这样的个人正直和勇气的人占比很小(大概四万分之一左右)。因此,要使警察文化朝着无条件尊重的方向发展,结构体系必须与以诚信为基础的社会动力和有效的功能体系相一致。(请参照图 2.1 和 2.2a—2.2e 中的标题,了解"30 法则"在工作中的运用。然后参照图 2.2f—2.2h 中另一个例子)。创建社会支持、结构支持和功能支持能激发出潜在的"阿尼玛特质",使那些消极的方面暴露出来(参照图 2.2i 和 2.2j)。如图 2.1 所示,"30 法则"建立在对组织的"环境结构"充分了解之上。从图 2.1 可以看出,"阿尼玛环境"作为所有环境的基础,是最重要的。第 9 章中我们会再次用到该表,并做更详细的说明。

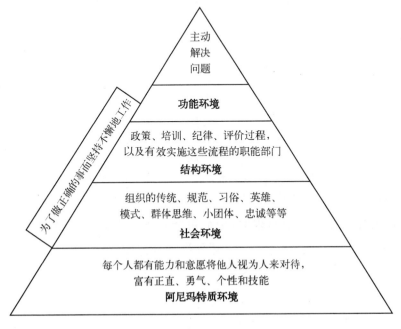

图 2.1

如果一个人四类的得分总和达到至少 30 分以上，
就说明这个人会"为了正确的事情而行动"

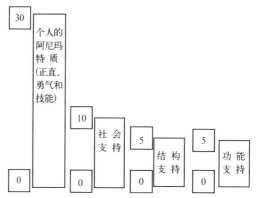

任何情况下，决定一个人是否会为了正确的事情而行动的因素主要有四种：（1）个人的"阿尼玛"，包括正直、勇气和技能，这样才能为了正确的事情而有效行动；（2）社会支持；（3）结构支持；（4）功能支持。

图 2.2a

如果一个人四类的得分总和达到至少 30 分以上，
就说明这个人会"为了正确的事情而行动"

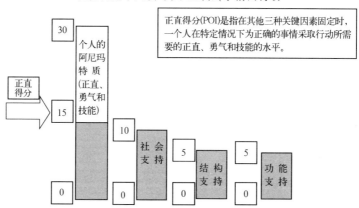

例如，一个组织有强大的政策、培训和问责制，确保有呼必应，缩短反应时间（理论上结构支持的得分是 5）。还有来自己群体的强力支持（理论上社会支持的得分是 10）。

社会支持和结构支持的得分总和是 5＋10＝15 的情况下，一个人的个人"阿尼玛"得分能达到 15 分的话，那么他肯定会为了正确的事而行动。

图 2.2b

如果一个人四类的得分总和达到至少 30 分以上,
就说明这个人会"为了正确的事情而行动"

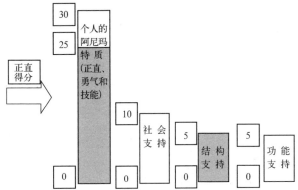

但是如果没有合适的装备来执行任务,警察(大部分警察组织都要把 90% 以上的预算用在警察身上)只能在巡逻站排队等候时使用唯一的一台电脑(电脑只需要不到 1% 的预算)。没有了功能支持(设备不好用或缺少设备),社会支持也会减少为零分(警察和警长作为一个团队会感到沮丧、愤怒和愤世嫉俗)。

后三项得分 5+0=5 分,这时一个人的个人"阿尼玛"得分需要达到 25 分,他才会为了正确的事而行动。

图 2. 2c

如果一个人四类的得分总和达到至少 30 分以上,
就说明这个人会"为了正确的事情而行动"

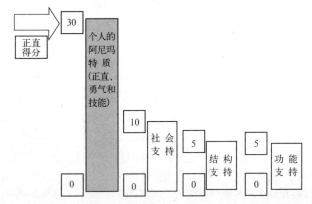

短期内,结构支持(政策、培训和问责制)会变得毫无意义,这还是最好的情况,最坏的情况是和警察针锋相对。当政策在社会和功能上都得不到决策者的支持时,传递出的信息是"这对我们的组织来说并不重要——它只是我们(管理层)不想承担的责任而归咎于您(最终用户)的手段"。

0+0=0 时,一个人的个人"阿尼玛"需达到 30 分,他才会关心什么是正确的事。关键问题是,他们是否有足够的技能来进行有礼貌的、中肯的、有效的沟通,从而解决房间里的大象(缺乏功能支持,社会支持受到侵蚀)?

图 2. 2d

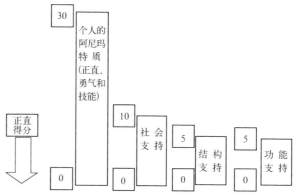

情况正如前面的图表所显示的那样黯淡,可能更糟。在一个愤世嫉俗和冷漠的组织环境中,真正的问责是不可能实现的,因为没有一块试金石来区分那些高度正直和不正直的人。在这种文化中,正直的人会受到抵制、诽谤、边缘化。这是因为他们不停地谈论没人愿意听的话,写没人想要读的备忘录。在这样的环境中,即使发现了有问题的人也为时已晚,只能采取破坏性的控制措施。

图 2. 2e

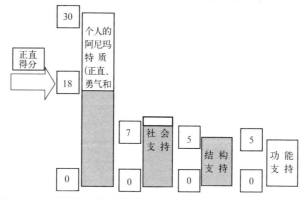

再举个例子,组织推出了一套强有力的政策、培训和问责制体系,该体系的基础是将所有人视为人来对待,并且无条件地尊重他们。这推进过程比较早,该体系还处于早期阶段,所以没有人知道是否会得到社会的支持。但是结构上的支持一般都是以最高分开始,后面才会下降,所以社会的支持从 7 分开始。

所以当 5+7=12 时,一个人的个人"阿尼玛"得分达到 18 分,他就会为了正确的事情而行动。

图 2. 2f

如果一个人四类的得分总和达到至少 30 分以上,
就说明这个人会"为了正确的事情而行动"

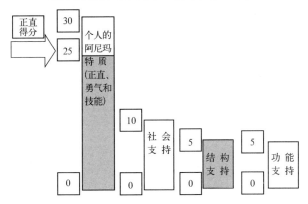

　　然而,一旦任何一个人被管理层以物相待并得不到尊重,社会支持就会降至零,除非管理层愿意对他们不尊重的行为负责。

　　因此,当 5+0＝5 时,一个人的个人"阿尼玛"得分需要达到 25 分,才会为了正确的事情而行动(把自己组织内的同事和辖区内的居民都视为无条件尊重的人)。

　　这是一种很奇怪的现象——任何人都知道应当如何公开、客观地对待警察,而管理层却搞不明白(参见图 1.1"一连串的危险")。例如:

　　·不事先进行清楚、礼貌性的谈话,就突然调动一名警察(非正常轮岗)。

　　·不事先进行礼貌性的谈话,就将一名老警察安排到第一值班岗(这名老警察并没有提出这项要求)。

图 2.2g

如果一个人四类的得分总和达到至少 30 分以上,
就说明这个人会"为了正确的事情而行动"

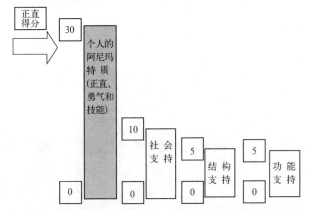

　　短时间内,结构支持(围绕无条件尊重的政策、培训和问责制)往好了说会变得毫无意义,往坏了说会变成对抗。当政策得不到社会决策者的支持时,就会传递出这样的信息:"这对我们的组织并不重要——这只是一种用来指责你(终端用户)的手段,因为我们(管理层)不想为那些事情负责。"

0+0＝0时,只有一个人的个人"阿尼玛"达到30分,他才会关心什么是正确的事。目前的主要问题是,是否有人具备了一套技能,能够通过尊重、切实、有效的沟通来解决显而易见的问题(在既缺乏社会支持又缺乏已被削弱的"阿尼玛特质"支持的情况下)?

图 2.2h

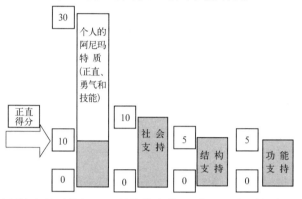

如果一个人四类的得分总和达到至少30分以上,
就说明这个人会"为了正确的事情而行动"

另一方面,如果执法环境有以下特点:(1) 结构的支持(以书面形式颁布清晰的政策,政策中明确警察的基本任务,倡导高尚的核心价值观,包含实际操作的指导;此外,管理层能够采纳高效的培训流程来落实这些政策)。(2) 社会的支持(高层和基层警察都支持这套政策,并且愿意承担相应的责任)。(3) 功能的支持(警察团队互相理解、发挥能力),合理配置装备和资源,安全高效地落实这些政策。这时候正直得分最低只需要10分。

图 2.2i

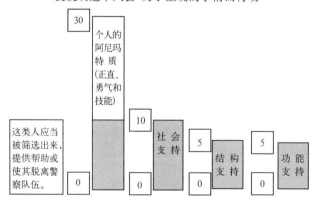

如果一个人四类的得分总和达到至少30分以上,
就说明这个人会"为了正确的事情而行动"

如果各类环境都支持一个组织,那么组织中正直得分很低的人就会处境尴尬。不用等到因为这些人道德上的缺失或制度上的漏洞引发的失职事件再去处理,从一些小事上就能看出他们的正直得分比较低。正直得分低的人(9分或以下)不管他的警衔或忠诚度有多高,都应当立即筛查出来,给他提供帮助,或直接从警察队伍中开除。如果不这么做,社会支持就会开始减弱,结构性支持也会变得毫无意义或具有对抗性。

图 2.2j

　　如前文所述，影响警察文化走向无条件尊重的过程将在最后一章（关于激活警察文化）中讨论。不过就目前而言，大部分执法警察内心最纠结的问题是，"对这些'混蛋'的无条件尊重会不会危及警察的安全"？

第三章　无条件尊重：保障警察安全的战术优势

　　因为轻微的挑衅而生气，会被嘲笑为脾气暴躁和软弱。真正的忍耐意味着忍受无法忍受的事情。

——武士道：武士之道①

　　"尊重不是你向他人索取的，而是要靠自身的努力争取的。"我非常赞同这句话的前半句。不能因为你要求别人尊重你，别人就一定会尊重你。此外，真正的尊重应该是凭借个人的美德而"赢得"的。实际上，别人作为一个人尊重了你，也是实现他们自身内在价值的过程，当然在这过程中，也伴随着不可预测的东西——危险；因此，完全可以尊重一个人而不需要他有任何特别的反馈，这是一个基本的真理。当你意识到另一个人可能有不同的价值体系和记忆模式，从而使他有潜在的不可预测性时，仍然可以选择去尊重他。尊重他人不是绥靖政策，不需要一个人容忍不公正或抛弃正确的道德和伦理立场。当你和别人，尤其是那种很难相处、粗鲁无礼，甚至残暴的人打交道时，你选择的行为方式反映了你的个性和你对个人"阿尼玛"的投入程度。这与一个人在社会上的优点几乎没有任何关系，而是与所有人的内在价值有关。

　　正如在开头几章中所讨论的，"阿尼玛"是一个非常个性化的东西。一个人的"阿尼玛"不是他向别人展示的形象，而是他的内在自我。"阿尼玛"不是用来指导

---

① 稻盛和夫，武士道，《日本之魂》，纽约：普特南之子出版社，1905 年。

一个人外在的动作(行为)，而是代表更深层、更有意义的东西。它是一张真实的地图，指引我们在周围的世界中航行，并预测我们的命运。现代社会的公仆们需要持久的"阿尼玛特质"来作为"内在的盔甲"。这种盔甲最贴近心灵，能保护高尚的公仆摆脱阴险的自我欺骗，这种自我欺骗会削弱他始终如一地看待世界，纠正自己和他人错误的能力。

我目前的任务就包括带领一个面临高风险的破门入室团队，通常被称为特警(SWAT)小分队。我们团队的主要任务是根据搜查令去搜查可疑的藏毒地点，并且有证据表明该地点高度危险(屋内嫌疑人持有武器、有暴力犯罪记录等)。最近，我们警队执行了一项搜查令，涉及一名武装重罪犯，该嫌疑人有暴力犯罪前科，包括使用枪支犯罪。靠近嫌疑人并执行搜查令的过程几乎完美无缺。这名嫌疑人和另外三名嫌疑人都被拘留，且没有反抗。我们发现他有重罪前科，还藏有一把上膛的半自动手枪和大量的强效可卡因。我们把犯罪嫌疑人转移到外面的前廊，因为屋里没有电，这样他就看不到我们在做什么。当我们警队开始搜查这所住宅以寻找更多的犯罪证据时，我看到一名中年妇女沿着马路朝房子走来。她立刻开始对我们警队破口大骂。她的叫喊把邻居们都吸引到了街上，他们所有的注意力都集中在我们身上。我走出去见那位女士。我做了自我介绍，问她我是否能帮上忙。她开始对我破口大骂，质问我是否有权侵占她的财产，还把她的儿子铐起来。她越是失去理智，周围的人似乎就越多。我能感觉到她正在迅速地得到群众的支持，而且围观群众数量也在不断增多。

在这种情况下，一种典型的执法对策是以扰乱治安的罪名逮捕这位女士(具体罪名叫作"扰乱治安，并导致群众聚集……")。但我却选择了继续听她说。我不只是听她说什么；而是想了解她说的话要表达的真实情绪。当她不再辱骂我时，我说："现在我来说，看看我是否理解了你的心情。你打两份工来维持生计。你的工资不高，所以你没钱修车。你上下班得坐公共汽车，还要按照时刻表赶车。所以不管天气如何，你都得站在外面等很长时间。你今天工作很辛苦。你本来是想回家以后放松一下，但是却发现警察在你家，你的儿子因为贩卖毒品被逮捕了，这让你很心烦。"那位女士长叹一声，放低声音回答道："是的，我确实很心烦。"我们的谈话变得很有礼貌了。我问了一些需要她澄清的问题，从她的脸色可以看出她已慢慢地消气。她身后聚集的人群也逐渐散开。本来是冲着冲突来的人对这种有礼貌的谈话失去了兴趣。她觉得我能够理解她的心情，于是我开始详细解释我们为什么要搜查她家。我给她看了一份搜查令，并详细地解释了相关内容。我从她家里取回一件夹克给她穿上，可以保暖。后来我们团队花了一个多小时搜集证据并执行对她儿子的逮捕，她一直站在边上保持安静。

我对这位需要帮助又感到恐惧的女士的分析，和在执行搜查令现场和她打交道的方式，是如何对完成这次出警任务起到积极作用的呢？从人际交流的角度来看，即使在充满挑战的情况下，我对她本人、她的家庭和我们的社区都表达了尊重。我从内心无条件尊重她的态度，以及随后和她打交道的方式，都完全符合我们警察机构所倡导的理念：与社区建立伙伴关系。

正是因为我内在的"阿尼玛特质"使我有足够的自信去理解她的心情，而不是因为她骂人的话产生负面情绪，这才产生了积极的结果。有趣的是，在"强硬"派警察看来，除了愤怒和蔑视他人，警察有其他情感就代表着软弱。"强硬"派警察常常把愤怒和轻蔑作为荣誉的象征，总能找到充分的理由（比如这位破口大骂的女士）来为他们蔑视他人做辩护。讽刺的是，对他人的愤怒和蔑视最能体现出一个人的"阿尼玛"是非常脆弱的。这些"强硬"派的人根本没法摆脱这些特殊的情绪，并且在战术和人际关系上做出妥协，不得不发泄。

从战术角度如何看待这一问题呢？我最近与一名警察交谈，他认为尊重他人会让自己显得软弱，并使自己面临严重的安全隐患。他把"尊重"等同于温柔。我想，"强硬"派的做法是以扰乱治安的罪名逮捕这位女士，从而向所有邻居传递明确的信息：任何人都不能"不尊重"警察。我曾经也这样做过，我可以告诉你这种做法可能会带来的结果：

· 这位没有犯罪记录的中年妇女因轻罪而被逮捕——这次特警出警任务不算成功。

· 因为她很情绪化，觉得自己的愤怒是合理的，所以她不会平静地离开，我们必须使用武力压制她。

· 周围人群被她的愤怒所感染，会一起帮她抵抗逮捕，那样的话我们还要再逮捕几人。既然她拒绝被捕，你最好相信其他人不会安静地离开。

• 当我们使用武力时，不可能是轻轻地触碰她，所以不管逮捕一个人还是几个人都会造成对方受伤，需要救治，我们至少还要派一名警察去医院看守。

• 我的团队本来是专门负责应对暴力重罪犯的，现在他们要在街头折腾数小时来逮捕这些轻罪犯，还可能要配合地方法院长达数月的审理流程。最终的判决很可能只是以缓刑和小额罚款告终。

• 混战的消息很快就传遍了整个社区，社区居民开始越来越不相信警察。我们团队的初心是让整个社区更安全，摆脱毒品，现在却因为这场混战声名狼藉。

• 随之而来的是社区投诉和内务部的调查，这都需要花费大量的时间。由于我们在"技术上"无过失，因此这些投诉也不会得到官方支持。这只会使警察和社区之间的隔阂越来越大，不信任感越来越强。

• 负责该社区接警任务的警察面临更高的风险，社区成员对他们持负面看法。

• 屋内那位持枪、贩毒的重罪犯因为"与残暴的警察对抗"，甚至成为社区里的民间英雄。

这种行为可能与某些人认为的"执法"的字面意思相一致，但它是否体现了我们警察使命的基本精神？

尊重不是一种软技能。尊重是一项非常"难"的技能，需要时间和耐心来培养。当我与同事分享这个概念时，有的人非常愿意敞开心扉接受这个概念。对那些不接受"尊重"这个概念的警察来说，他们主要认为尊重嫌疑人会使嫌疑人觉得警察很软弱。这就使警察反而成了被嫌疑人人身攻击的目标。他们的态度似乎是，如果一名警察"看起来"既强硬又强势，那么嫌疑人还是会对自己袭击警察能否成功有所顾及。

这种思维在许多层面上都是错综复杂的。首先，"看起来"强硬和强壮并不代表真的如此。许多警察认为自身的安全是最重要的。当我询问这些警察时，他们认为枪械熟练程度和身体素质非常重要，能够确保他们在街上的人身安全。然而进一步追问，大多数警察都承认他们在这两方面花的时间都很少。

其次，人们所说的对他们重要的东西和实际上真正对他们重要的东西之间往往存在鲜明的对比。警察的人身安全是非常严肃的问题，但要成为一名真正能保障自身安全的警察，必须在技能和素质方面付出巨大的努力。在执法上，任何一项基本技能都不是"很容易"就能获得的，这其中就包括通过无条件尊重他人来展示出个人自信。许多声称尊重他人是危险的警察，其实只是在寻找证据来说服自己每天不能善待他人，扭曲了自己的是非观念。他们为了补充睡眠还会找理由在靶场上混时间或者逃避训练，而实际上他们缺少睡眠是因为看电视等毫无意义的活动造成的。对嫌疑人或公众采取严厉的姿态和言辞可能会让某些警察"感觉"更安全，但这种感觉仅仅是一种深刻而危险的自我欺骗的副产品。不幸的是，一个真正有能力的对手可以看穿你的故作姿态，并把你作为一个容易攻击的目标。

我认为，倾向于接受"肮脏的哈里"心态背后的一个根本原因是，它提供了一种安全和保障的幻觉，这成了不善待他人的又一个理由。尊重常常不仅等同于温柔，而且也等同于脆弱。大多数警察采取两种方法来缓解自己的脆弱感：一种是保持距离，另一种是通过夸张行为来弥补自己的脆弱，主要表现为易怒和蔑视他人。前者（保持距离）是不被警察文化接受的，因此后者（易怒和蔑视）成为社会准则。只要在"言语上"强硬又强势，就会让自己"感觉"强硬又强势。为了使这种做法成为常态，他们会物化所接触的人。"物化"①是指不再将他人作为人来看待，而是视为敌对目标。物化给他们带来的另一种潜在意识是觉得别人不如自己，并且有肢体接触时也不可能伤到自己。请记住，许多警察只是想找到一种让自己"感觉"很安全的方式，而不是真正花时间和精力去训练，但实际上只有训练才能"保障"他们的安全。

有些警察自以为通过夸张的行为举止和恶劣的态度就可以恐吓住执法对象，我想对他们说说我的看法。对执法警察来说，最危险的对象（嫌疑人）几乎都是在目睹残忍的行为和受到虐待的环境中长大的。一些人经常受到身体和精神上的虐待，对周围环境充满恐惧。许多人都坐过牢，比普通警察更有对抗的经验。即

---

① "物化：把一个既复杂又多面的人或物作为一个简单的物体看待"，英卡塔®世界英语词典（北美版）©＆微软公司(P)，2009年，布鲁姆斯伯里出版社，http://encarta.msn.com/dictionary_/objectify.html（2009年9月19日访问）。

使警察学习过"交战规则"，他们仍然会在言语上痛骂一个顽固的、危险的罪犯，希望能吓住他们。实际上，执法人员都有这样一个共识，在审讯因袭警而被抓捕的罪犯时，如果警察表现得镇定、果断，并且看上去"一个人就能应付自如"时，这种情况会使罪犯感到真正的害怕。这些罪犯的共识是，每一位训练有素的警察的自控能力都很强。"嘴上强硬，看起来就会强硬"这种做法只会使那些根本不会袭警的人感到害怕。这种情况下，任何人都会因为被警察蔑视和恶语相向产生冲动，做出"战或逃"的反应。对抗和追逐对警察来说都是危险的行为，追逐和逮捕那些本来根本没有意愿（也未经过训练）去袭警的人，只会成为警察自我欺骗的"毒品"。制服这些本身无罪，也未经过训练的"对手"只会让警察更加相信易怒和蔑视他人很管用，并将其作为战术上的最佳做法而优先选择。这种做法只会使警察失去健全的人格和责任。

最后一点，无条件尊重他人还需要高度的自信，也就是在必要时能够使用好武力。事实上，一个对自己处理肢体冲突的能力没有信心的警察，会发现很难采取无条件尊重的态度。相反，如果一个人真正的强大，那么即使是与最具挑战性的对手进行对抗，他也不会因为表现出尊重而有所损失。这种观点并不仅仅适用于执法部门。

1941 年 12 月 8 日，日本第 25 军对当时英国的殖民地马来亚、新加坡、香港等地发动了两栖和空中袭击。日本侵略发生后，英国政府战时内阁授权对日宣战。袭击发生时，英国外交大臣安东尼·伊登正在莫斯科访问，因此英国外交部的监督权职责落在了英国首相温斯顿·丘吉尔身上。他在给日本大使的信中写道：

先生：

12 月 7 日晚，英国国王陛下政府得知，日本军队在没有事先警告的情况下，既没有直接宣战，也没有发出有条件宣战的最后通牒，就企图登陆马来亚海岸，轰炸新加坡和香港。

这些肆无忌惮的无端侵略行为公然违反了《国际法》，尤其是《海牙第三公约》第一条中关于开战的条款，而日本和英国都是以上《公约》的缔约国。英国国王陛下驻东京大使奉命以英国政府的名义通知日本帝国政府，我们两国之间已处在战争状态。

经过深思熟虑后，我很荣幸地宣布，

先生，

我们随时奉陪。

温斯顿·丘吉尔

关于这封信，丘吉尔后来写道："有些人不喜欢这种正式的写作风格。但是当你必须杀掉一个人的时候，装作很礼貌又有什么关系。"[1]

尊重不代表以下几点

我们千万不要把尊重与友谊、钦佩或信任混为一谈，这三点只有在与他人建立个人关系的过程中才得以培养（信任只有通过长时间坚持不懈、勇敢的行为才能获得）。[2] 我们选择对待他人的方式——尤其是当我们有选择的时候——与他人并无关系，而是反映我们能不能恪守自己的"阿尼玛"。认同这样一种观念，即别人可以通过某种特定的行为——或不作为——从外在控制我们的内在态度，是一种免除我们个人行为责任的机制。虽然自我欺骗可能是为我们的行为进行辩护的一种便捷方式，但它并不能愚弄我们的意识，而意识是衡量我们行为正当性的最佳晴雨表。"当我们需要正当理由时，任何能给我们正当理由的东西，都会立即在我们的生活中占据极其重要的角色。自我背叛会腐蚀一切——甚至包括我们看待事物的价值观。"[3]

让我们来举个例子，看看自我背叛会有多么可怕。几年前，在执行一次高风险的搜查行动之前，我对团队进行了战术上的部署。我邀请不是我的团队的几位警察来帮助我们搜查周围环境以确保安全。他们的任务是，在我的团队努力攻破嫌犯住宅加固的前门时，确保嫌犯不会从住宅后门逃走。就在行动部署开始之前，我注意到一位来帮助我们的警察制服衬衫下没有穿防弹衣。当时我

---

[1] 温斯顿·丘吉尔，"大联盟"，《第二次世界大战》第三卷，伦敦，1950 年。

[2] 李，《勇气：领导力的支柱》，旧金山：约瑟·巴斯出版社，2006 年，第 154 页。

[3] 阿宾格研究所，《和平剖析》，犹他州盐湖城：阿宾格研究所，2006 年，2008 年。

面临一个选择。我本想把他拉到一边，告诉他在履行职责时穿防弹背心的必要性。不过我还是选择忽略这个问题。我继续做任务部署，尽量让自己不看那位警察。在我看来，不承认有问题的话，问题就不会存在。我背叛了我的真实意愿，没有做应该做的事来保证这位警察的安全，甚至认为这种自我背叛很"合理"。我决定不为正确的事情而行动，还把这一决定合理化，这其实是在对自己撒谎：

> • 毕竟，这位警察不是我的直接下属。我不是"他的"上司。因此，我不用对他负责。
>
> • 不穿防弹背心的警察可能不在少数，我不可能把每个人都纠正过来。
>
> • 他的上司每天都能看见他，因此她肯定知道他没有穿防弹背心。如果她都觉得没问题，我为什么要引起讨论呢？
>
> • 我心里很清楚：如果我纠正了这位警察，他会和他的所有朋友说我是一个"顽固派"。为什么我自己的名誉要因为他对自己的安全不负责而受损呢？
>
> • 这位警察和我毕业于同一所警察学院。他受过同样的训练，知识面和我差不多。他应该权衡过各种危险，才决定要冒险不穿防弹背心。这毕竟是他自己的人生决定。

我完全被这些理由所欺骗，认为自己没有采取行动来确保这位警察的安全不仅是正确的选择，也是唯一合乎逻辑的选择。这种情况真正的阴险之处在于，我不是屋子里唯一一个知道这件事的人，大家心里都明白，这名警察在冒着自己和他人的生命危险执行任务。自我欺骗是会传染的。

我完成了任务部署，走向作战车去拿破门的装备。当我在检查我的装备时，我们团队一位名叫安迪·基尔的警察把我拉到一边。他告诉我，他在任务部署会上注意到那位警察没有穿防弹背心，他感觉这样不太好。安迪和我说，应当有人来解决这个问题。他认为我是上司，应当由我来出面，如果我什么都不说的话，他就自己去和那位警察说。安迪的话惊醒了我，让我从冷漠中清醒过来。他表现出的勇气激励我为了正确的事情而行动，而不能在意别人怎么看我。安迪揭露了我的懦弱，暴露了我的自我背叛。在和安迪说完话后，我把那位警察拉到一边，告诉他只有在他穿着完整之后才能参加突袭任务。我告诉他这次任务有哪些危险，还联系他的上司，采购一件新的防弹背心给这位警察，然后他才能前往执行任务的现场。

那天安迪给了我一次深刻的教训。我在停车场待着，感觉像是听了一次关于《勇气101：关于勇气和光荣的真实故事》这本书的演讲。我不得不反省自己的为人，意识到我并没有"尊重"那位警察。我没有把他当做人来看待。相较于我对他生命安全的关心，我更在意别人对我的看法。我原本所理解的尊重，是不要和那位警察尴尬地进行交流，甚至冒犯到他。然而这种做法实际上是纵容自己，这种伪装出来的尊重不仅会欺骗自己，还会带来危险。安迪本可以不说这些话的，但他这么做正是因为他无条件尊重自己的同事。

战术方面的无条件尊重

从人际关系的角度来看，无条件地尊重其他社会成员显然是一种好策略。然而在执法部门中，总有一些警察会本能地认为无条件的尊重会使一个人的战术敏锐性降低。把嫌犯称为"混蛋"，只是让这些警察"感觉良好"，这难免有点夸大其词。如果我们像这些警察一样在潜意识中刻意培养一些态度，这就会使我们错过一些线索的细节，比如嫌犯可能有暴力倾向等。自我背叛会导致我们对那些构成合理威胁的人的言语或行为给予错误的评判，有时甚至可能致命。

作为人类，我们不得不根据我们已有的思维模式来解读一切事物。我们在所有的行动中都是这样操作的，尤其是面对最危险的嫌犯时，更是如此。在涉及警察枪击事件的人为因素方面，我们来看看马克·格林博士的研究：

> 感知过程是将储存的知识作用于感官上输入的信息，形成自己的解读并表达出来。看到现场画面，警察必须根据他学到的和从经验中积累的知识来分析嫌犯手持的是一把枪还是其他物体。如果感官上获得的信息不确定或者很模糊、看不清楚，那么认知的水平就变得非常重要。如果当前的任务是要解决问题，那么人类就会尝试通过自身的认知策略来解决。在心理学中，这些认知策略叫作"启发法""一般经验法则"或"偏见"。"偏见"不是指日常使用时表达的否定意义。在认知心理学中，"偏见"是一种有助于快速找到正

确答案的推理策略。在危急的情况下，进行缓慢地、有意识地推理是危险的。取而代之的是，人类的思维已经进化出启发式和偏见，以加速解释和理解复杂的情况。①

换句话说，当我们在观察世界时，我们实际上是在照镜子。我们看到的更多的是我们自身的反映，而不是世界的真实面貌。还要考虑到我们的潜意识也会影响我们感知周围的世界。我们做决定的大部分过程都发生在我们的潜意识中，并受到内部因素而不是外部刺激的影响。吉姆·格伦农中尉，一位知名的《如何保障街头执法安全》课程的主讲人，曾写道：

> 意识决定了我们的主观性、道德、判断力、自我意识和理性决策的能力，而潜意识则决定了我们如何生存，并为我们的人生道路指明方向。②

格伦农还认为潜意识不仅仅是一种感觉——它更是一种思考。思考的过程是非常迅速的，这一过程最终决定了我们如何感知。人总是在不断地进行沟通交流，而我们的潜意识也在不断地解读交流的内容。在需要用战术解决问题的环境中，潜意识尤为重要。

警察所拥有的最有价值的工具之一就是快速认知的能力。这种能力允许警察在最极端的情况下瞬间做出改变人生的决定。作者马尔科姆·格拉德威尔解释说我们使用一种他称之为"薄切片"的方法。"薄切片"，即快速认知，指的是我们的潜意识根据非常狭窄的经验片段，针对当前的环境和对方的行为生成思维模式的能力。这种形式的"快速判断"是一个无意识的过程。③

前文引用过格林博士的观点，即我们如何看待和解读世界的方式是预先决定的。也就是说，我们在履行职责的过程中，会把想象中人的形象投射到正在和我们交谈的人身上。除了接受如何使用枪械以及合理使用武力等培训外，重新审视和完善内在的思维模式对保障警察的安全也至关重要。如果构建内在的思维模式只是为了给自己贬低他人找个理由，那么我们会使自己在个人和战术上均受到

---

① http://www.visualexpert.com/Resources/policeshooting.html.

② http://www.policeone.com/patrol-issues/articles/1660205-Pre-attack-indicatorsConscious-recognition-of-telegraphed-cues/.

③ 马尔科姆·格拉德威尔，《眨眼：不用思考就能解读的能力》，波士顿：后海湾出版社，2005年。

损害。

我们用内在的价值观去看待世界和我们所服务的人,在战术上有什么意义呢?几乎所有的警察都认为,对事态的感知能力是关系到警察人身安全极其重要的因素,然而即便如此,我们还是经常物化他人(即将他人作为物体而不是人来看待)。这种做法反过来又削弱了我们的能力,使自己不能培养良好的战术意识。视人为物这种倾向只会"蒙蔽"我们,使我们对事态没有感知能力。我们只会以符合我们预先就设定好的价值观去看待他人。为了这么做,我们会在潜意识里把不符合我们现有观点的数据全部忽略掉。① 往好了说,这叫故意让自己目光短浅,往坏了说,这完全是自我欺骗。于是我们要么贬低他人,要么夸大他人的美德,而不是通过观察他人的人性特点使对话达到对等的状态。在那一刻——我们不知道的某一刻——我们已经脱离了我们的"阿尼玛特质",这相当于卸下了战士"内心的盔甲"。尊重的含义远不止让人们"感觉"良好,实际上还有助于培养一种可以拯救我们生命的个人尊重。

接触前的威胁评估

经验证明,当面临突如其来的威胁,且反应时间有限时,警察在极端压力下的主观认知会极大地影响所使用的战术。所有的执法警察都应当从殉职的兄弟姐妹身上学到这样一个宝贵的教训:任何一次出警或叫停车辆检查都不能当做"例行公事"这么简单。

乔舒亚·米克塔伊特警官不是新手了。他是一名警犬队警察,拥有 11 年工作经验,自 1997 年起就在俄亥俄州的特温斯堡警察局值夜班。2008 年 7 月 13 日(星期日)凌晨 2 点,他"例行公事"呼叫一辆卡车靠边停车,他想检查卡车司机是否涉嫌开车时大声播放音乐以及醉驾。停车两分钟后,米克塔伊特警官用无线电呼叫支援。与此同时,有人拨打 911 报警说,听到停车的现场有巨大的爆裂声,还有人在大声呼喊。支援的警察发现现场只有米克塔伊特一人,其头部多处受到枪击。警方继续追踪这位叫阿什福德·汤普森的司机,赶到贝德福德海茨,在他姐

---

① 理查兹·J·豪雅,《情报分析的心理学》,华盛顿特区:中央情报局情报研究中心,1999 年,第 9 页。

姐家里找到了他。警方在凌晨 2 点 41 分逮捕了他,当时他的手腕上已经铐了一副手铐,他在手臂上涂了凡士林,想把手铐取下来。汤普森的衬衫上满是血迹,警方在他的住所找到凶器,一把 9 毫米口径的手枪。当地时间凌晨 2 点 48 分,凯霍加县验尸官在大都会医疗卫生中心宣布米克塔伊特警察死亡。他是当地警察局成立 56 年以来第一位因公殉职的警察。①

米克塔伊特警官与杀他的凶手相遇,是因为发生一起轻微交通事故,造成了交通堵塞。在全美,这种类型的执法活动每天上演数千次,通常都是安全执行完毕。不幸的是,即使是经验最丰富的警察也无法预测他们每天接触的人的本性。阿什福德·汤普森为自己辩护,声称杀死这名英勇的警察是为了自卫。米克塔伊特身中四枪。他无助地躺在地上,有三枪都射中了他的头部。我认为阿什福德·汤普森声称的自卫恰好证明内在辩护的冲动和危险以及由此产生的自我欺骗。然而这种内在的辩解和自我欺骗并不是嫌疑人所独有的;他们是全人类都拥有的特质。这就是为什么培养持久的"阿尼玛"精神对警察如此重要。

警察只有在身体和精神上做好准备,才能应对那些可能威胁或终结他们生命的事件,这不仅能确保他们自己的人身安全,也能像他们所宣誓的那样,保卫民众的人身安全。在和执法对象开始接触之前,警察并不能确定嫌犯的真实意愿和意图。警察通常会根据从类似事件中得到的经验,找到一种最安全的心理状态,从而消除对嫌犯的偏见和先入为主的假设。这种安全的心态是"阿尼玛特质",它视所有人为人,根植于个人的正直,并以勇气支撑,表现为无条件地尊重所有人。

这就引申出了这样一个问题:"警察在接触执法对象前就对他的内在价值进行预判是一种优点或责任吗?"符合逻辑的答案是"是的"。当警察蔑视或假装尊重嫌犯时,他根本没有在潜意识里察觉到这个人可能会反抗。我们都认为"人渣"根本不是训练有素的警察的对手,也就是说一个人渣(或白人垃圾、无家可归的醉汉、瘾君子②等)连发起反抗的勇气都没有,更不可能暴力袭警。我们蔑视那些用自己的行为威胁我们价值体系的人,这种蔑视使我们忽略了他们的不可预测性(人性)。

---

① http://blog. cleveland. com/plaindealer/2008/07/twinsburg_officer_killed_durin. html.

② "瘾君子"是一个贬义词,用来指那些对来源不明的快克可卡因上瘾的人。

警察会主动把遇到的执法对象定位到食物链中的下级层并与其保持社交距离。这种行为使警察自然而然地降低了自己的戒备心,有时甚至是致命的,因为警察无法确定嫌犯的危险性。

知己知彼,百战不殆;不知彼而知己,一胜一负;不知彼,不知己,每战必殆。①

——孙子

在警察甄别威胁性行为时,这种顷向会产生什么不良影响呢? 看看新奥尔良警察尼古拉·科顿的悲剧吧。24 岁的科顿是一名新警,当时她在新奥尔良市中心附近停车去搜查一名可疑男子,这名男子的长相与一起强奸案嫌犯的特征描述相似。警察局长沃伦·赖利后来说,这位无家可归的嫌犯名叫伯内尔·约翰逊,科顿在一个热闹的商业区靠近他时,并没有把他当作威胁。她还用无线电向调度员报告说不需要支援。监控摄像头拍到的内容,却向我们展示了随后发生的对抗画面。当科顿试图给约翰逊戴上手铐时,这个块头是她两倍大的男子粗暴地推倒了她。科顿无助地躺在地上,奄奄一息时,约翰逊又抢过她的枪械,朝她开了 15 枪。之后,约翰逊手持空枪,还在原地等待支援警察的到来。科顿被杀时还怀有八周的身孕。约翰逊后来被确诊为偏执型精神分裂症患者,之前曾因流浪和扰乱治安而被捕。②

接触过程:对暴力微妙前兆的认识

在我们个人的价值判断系统的作用下,仅根据一个人表面的社会价值而将其归类为危险或无害,可能会让我们感到舒服,但并不能保证我们的安全。这种思维定式会导致我们失败,而且一旦我们在执法现场与执法对象面对面时,这种思维定式还会强化。标签化可以让我们欺骗自己的大脑,让大脑认为我们已经掌握了当前事态。自我欺骗就像我们裹在自己身上的安全毯,确保我们不会有脆弱

---

① 《孙子兵法》,托马斯·克利里编,波士顿:小布朗出版社,1988 年。
② 科里·查彭特,"新奥尔良警察死于自己的警枪",新奥尔良地铁实时新闻,http://www.nola.com/news/index.ssf/2008/01/no_cop_killed_with_own_gun.html。

感。具有"了解"他人的能力是非常好的，因为这种能力有助于减少当前处境中的不确定性。但真正的欺骗在于我们的战术弱点被放大了。

《恐惧的礼物》一书的作者加文·德·贝克尔写道："判断力是感知的大敌，因此也是准确预测的大敌。人们通常对某件事的了解仅仅是足以判断它所属的种类。熟悉感让人感到舒适，但这样的判断就像落下的帷幕，有效地阻止了观察者看完剩余的剧目。"①

不幸的是，将嫌犯标签化会使我们缺失感知危险的能力。从战略意识来看，我们需要考虑到一个人的人性。为了尊重一个人，我们必须首先赋予他对等的价值。一旦一个人因为他在生活中的地位而被认为不值得关注，我们就会在潜意识中贬低他。相反，当我们认为他在人性上与我们平等时，我们就会更多地考虑他潜在的威胁程度。

我们对威胁的感知受到两个因素的影响：注意力和组织性。我们已有的思维模式会影响我们所关注的信息，并影响我们对信息的推断和理解。我们会选择关注与我们思维模式一致的信息。如果我们从嫌犯身上获得的信息与我们的思维模式不符合，我们是不会受到这些信息影响的。我们并不会在意有关嫌犯的个人信息，而只在意能帮助我们把他们进行归类的信息，并自以为获得的信息是精确无误的。② 杰克和我有时会把这种行为称为"虚拟现实的决策过程"。

这些信息严重关系到警察的安全。我们选择如何看待他人的方式（这可能有些言过其实，因为我们通常不知道自己在做什么选择）是接下来每一次观察的推动力。实际上，遇到嫌犯时，我们的个人意识和安全水平是由我们的"阿尼玛特质"预先决定的。

据说，我们在每一次观察中都会加入自己的认知。因此，真正"客观"的观察是不可能的。每次遇到嫌犯时，我们的大脑必须过滤成千上万条信息，并为每条信息赋予价值。大多数观察过程发生在潜意识层面，所以这个价值分配的过程有助于我们决定哪些观察到的信息可以被提交到意识层面，并进行下一步的分析。

① 加文·德贝克，《恐惧的礼物》，纽约：兰登书屋，1997年。
② J. M. 达利和 P. H. 格罗斯，"标签效应中的假设确认偏差"，《人格与社会心理学》杂志，1983年第1期，第20—33页。

"选择性感知"到的信息更多的是我们所期望的，而不是现实的。矛盾的是，选择性的观察结果通常以情感的形式表达出来，而这些情感往往会消除我们理性审视的能力。"我们不断受到太多感官信息的轰炸，以至于我们不可能把注意力集中到每一件事情上。我们的潜意识会扫描周围的环境，并选择它认为重要的信息引起我们注意。"①即使这样，我们还是更愿意看到我们所期望看到的信息。

以马修·德怀尔为例。他曾是大溪城的警察。德怀尔的工作表现绩效评估显示，他的判断力高于平均水平；然而，在 2007 年 7 月 8 日的一次家庭骚乱出警任务中他却做出了被认为是错误的判断，结果导致一名同事丧生，而他自己也丢掉了工作。大溪城警察局的警察回应说，他们调查了杰弗里·范维尔斯家中发生的家庭骚乱。范维尔斯藏在车库里，手里拿着一把装满子弹的猎枪，在科兹明斯基向门前的车道靠近时，伏击了罗伯特·科兹明斯基警官，开枪击中了他的头部。枪击事件发生后，旁边的警察立即将范维尔斯拘捕。另一部分警察试图营救身受重伤的科兹明斯基，当时德怀尔警官正在从另一个位置搜查房子，他认为他看到范维尔斯在房屋内移动，并朝着他认为是嫌疑人的地方开了一枪。这枪声使正在接近科兹明斯基的警察感到困惑，干扰了他们的救援工作。德怀尔仍然坚持说，那天他在范维尔斯家看到了一个人。警察局官方表示，德怀尔开枪时，屋内只有一条家养的狗。警察局对德怀尔的行为展开调查，并最终认定，德怀尔不仅没看到范维尔斯，还开枪给现场其他警察造成压力，影响了他们"营救科兹明斯基警官"。②

有大量关于主观感知的研究支持德怀尔警官的观点，即他观察到嫌疑人在房子里——即使他根本不在那里。注意力，尤其是在高压力下，具有单一性、无差别性和局限性的特点，会降低我们处理信息的能力。这种情况也叫作选择性注意。在这种情况下发生的感知范围缩小有助于我们处理更多我们所关注的信息（选择性注意），但也会极大地限制或蒙蔽我们去处理没有关注到的信息。这种情况叫作注意盲点。③

---

① 史蒂夫·W·威廉姆斯，《做更好的商业决策》，加州千橡市：世哲出版社，2002 年。

② http://blog.mlive.com/grpress/2008/03/report_grand_rapids_officers_a.html.

③ 威廉·莱温斯基，《注意力研究：在枪械军官中存在选择性注意力的研究》，军事科学研究所，http://www.forcescience.org/articles/attentionstudy.pdf.

我们已经讨论过这样一个事实：作为人类，我们会对所有观察到的事物进行解读，这是一种自然状态。让我们重温一下这一概念，即我们如何以不同的方式看待一个物体和一个人。当我们看见一个物体——比如一个玻璃杯或一个保龄球——我们的大脑会处理通过过滤器接收到的信息，在这些信息进入我们的意识之前，过滤器会调节我们的感知。当我们观察一个人时，也会发生几乎同样的过程；不过，当我们处理关于人的信息时，大脑中被激活的部分会以截然不同的方式和速度工作。当我们观察一个人的时候，我们会使用大脑中一个叫作梭状回的部分来处理互动过程中的信息。这是一种非常复杂、快速的工作机制，其作用非常类似于超级计算机。相反，当我们观察一个物体时，我们利用大脑中一个完全不同且功能较弱的部分——颞下回。如果梭状回就像一台超级计算机，那么颞下回可以比作一个袖珍计算器，它更简单、更有条理、更缓慢。①

研究表明，人与人之间的交流，内容只占 7％。剩下的 93％是由声音变化、面部表情和身体动作等情感信息组成的。② 7％代表说的是"什么"，而 93％则代表"如何"说出来。让我们解读一下这项研究所包含的信息。当我们把别人看得不如我们时，我们不是把他们看成人，而是看成物体。若我们将他人物化，那么我们的大脑所使用的是处理物体的部分，而这部分大脑并不适合接收交流中的情感内容。鉴于警察所经历的最危险的遭遇都是充满情感的人，这个信息对警察来说有多重要？

虽然人类似乎天生就具有感知危险的直觉能力，但大多数人更倾向于否定这种能力，而不是积极地去培养这种可以救命的特质。否定是一种选择，但对于那些每天都把自己置身于危险之中，并依赖自己的感知作为生存机制的人来说，这并不是一个非常可取的选择。

警察在执行任务时经常被要求使用武力，因为那些被搜身检查的人对警察发起非致命和致命攻击时根本不会有内疚感。如前文所述，罪犯袭警前会表现出一些特征，如果警察不能立刻识别出这些特征的话，那么就只能成为被攻击的对象。

---

① 马尔科姆·格拉德威尔，《眨眼：不用思考就能解读的能力》。

② M. L. 克纳普和安尼塔·L·凡吉利斯蒂，《人际交往与人际关系》第 3 版，波士顿：艾琳 & 培根出版社，1996 年。

培养识别威胁的能力，并在罪犯发起攻击时本能地采取行动来应对，是一项基本的警察生存技能。这种能力的培养主要来自训练和类似刺激的经验。动物可以通过简单的条件反射技巧进行训练，而人类则不同，人类有能力规避认知训练，也就是有意地——或无意地——弱化信息或威胁。因此，"阿尼玛"决定了我们的态度；在学习生存技能时，态度比天赋或技能的发展更重要。一名警察能否把这些生存技能整合起来，很大程度上取决于她的"阿尼玛"——"阿尼玛"也决定了一个人的人生哲学。

如果一名警察有内在的正直和勇气，并表现为无条件尊重，那么相较于另一名用自己的价值观和偏见掩盖事物客观性的警察来说，这名警察更善于观察其所面对的嫌犯身上的细节，而不是在潜意识里把信息屏蔽掉。无条件尊重可以被理解为对待一个人的方式，这种对待方式不以其任何特定行为为基础，而是取决于警察的"阿尼玛"，这种"阿尼玛"深植于正直和勇气。做到无条件尊重的警察能够更好地察觉到被攻击对象行为的细微变化，而这些变化很可能是攻击的前兆。

警察可以约束自己从内心以统一的标准看待所有执法对象，从而提高客观性，使自己对现实的关注更敏锐，而不是以充满局限性的固有偏见来观察周围情况。这种想法与"假装"尊重就足够了这一概念背道而驰，反而鼓励警察们把精力集中在品格培养和自我评价上。第六章将进一步讨论，即使一名警察再会"假装"，他也不能对别人隐瞒自己的真实感受。无论他表现出什么样的态度，他的行为肯定会受到内在因素的影响。从本质上说，"种瓜得瓜，种豆得豆"这句古代哲理名言还是很有道理的。

使用武力：缩短犹豫时间

培养一种内在的"阿尼玛特质"，即对所遇到的人表现出无条件尊重，最终是为了促进执法的使命。为了毫不犹豫地做出正确的决定，我们必须努力抛弃所谓的社会价值判断，这些判断会阻碍我们看清周围情况。警察必须主动地培养"阿尼玛特质"，才能不让自己在各种情感的驱动下做出贬低性判断并采取行动。恐惧是"情感"反应，我们努力克制恐惧感，就是因为它会给我们带来一些影响，例如自我限制等。事实上，我们所有的情感只不过是我们对周围世界的主观印象，任何情感的价值都取决于"阿尼玛特质"或价值体系。如果缺少"阿尼玛特质"，那么产生的情感往好了说是错误的，往坏了说是非常危险的。

几乎所有警察都会承认，无条件尊重他人可以减少公众不满和社区投诉的概率，而且正如前文所说，还可以帮助警察做出正确的、合理的决定，甚至保障自身的安全。

我们来探讨一下"正直"这一品质。描述这个概念的最好方法是类比。假设你强烈认为堕胎是不道德的行为，毕竟在我们的文化中，堕胎是一个会引起强烈情绪的话题。但你报名参加了辩论课，你的老师要求你准备一份为堕胎辩护的辩论稿。现在，从学术的角度来看，毫无疑问，你可以把事实和论点整合在一起以达到老师的要求。在这种情况下，你会被定罪吗？我认为这要比准备一份反对堕胎的辩论稿更具挑战性，毕竟你自己是强烈反对堕胎的。

当一个人追求与他所坚信的价值观一致的目标时，他身上充满了"正直"的品质。当坚定的信念和个人意志相符合时，这个人的效率就会更高。

有一项综合研究表明，因公殉职的执法警察中，85％的人从未在执行任务时为保护自己的生命而开枪。[1] 该项研究对 1998—2000 年间 148 起执法警察被杀事件进行全面分析，发现有 125 名（占总人数 84.5％）被害警察从未向杀死自己的凶手开枪。[2] 许多警察在可以使用致命武力的情况下，直到最后一刻都在克制和犹豫，或者根本不使用武力，但即使这样也得不到大多数市民的同情。如果警察开枪打死 50％用武器攻击他们的人，他们每年射杀的人数大约有 5000 人。实际情况是，警察每年射杀的袭警人数大约只有 350 人，这个数字足以说明了警察在使用致命武力上有多么克制。[3]

换句话说，虽然执法部门应当关注过度使用武力的投诉，但我们必须看到，绝大部分警察还是会冒着失去性命的危险，在危急时刻变得犹豫不决，以尽可能减少武力的使用。当警察面对生命安全威胁，需要立即采取行动时，强烈的"阿尼玛特质"有助于解决过度使用武力的问题，也有助于避免警察在面对需要立即采取

---

① 联邦调查局，1992 年统一犯罪报告，华盛顿特区：联邦调查局，1992 年。

② 美国司法部，联邦调查局执法人员被杀害和袭击，华盛顿特区：联邦调查局，2000 年。

③ 香农·博雷尔，哈里·A·克恩，爱德华·F·戴维斯，"致命的困境：开枪还是不开枪？"，联邦调查局执法公报，2008 年 3 月，http://www.fbi.gov/publications/leb/2008/march2008/march2008leb.htm#page7。

行动的人身威胁时犹豫不决并使自己（以及其他人）面临不必要的风险。

从1999—2003年，我在密苏里州堪萨斯市警察学院担任枪械和防卫战术教员。我的职责之一是审查所有涉及我们警局警察的使用武力事件。我曾观看过一段有关一名年轻警察执法的视频。这名警察面对的是一名好斗的男性嫌犯。警察伸出手，用警棍打那个人的腿。令我感到奇怪的是，这名警察并没有使出全力击打，因此毫无效果。嫌犯显然也没多想，因为他变得更加愤怒，打斗迅速升级。在支援警察的协助下，这名嫌犯才被制服。我对这位用警棍击打嫌犯的警察进行了后续采访。我问他为什么用这么小的力量来击打嫌犯。他的回答很诚恳、很自然。他说："我不确定我是否应该打他，我只是觉得我要打他。"

这句话的含义令人震惊。当警察使用武力那一刻，应该是内心的正义感达到了最高点，因此他应该从专业的角度出发，在执法过程中运用更多的技巧和更高的气势。警察应该完全相信自己的行动是正确的，并充分发挥自己的技能，公正地使用武力。使用武力不足只会证明，并且已经证明，是致命的。

我们需要从头做起，以确保我们在力所能及的范围内尽一切努力，找到造成这种现象的原因，不管是明显的还是不明显的。我提议，如果警察能够无条件地尊重对手，那么他将有权使用任何客观上合理的武力，从而在嫌犯发起攻击时在肢体上和心理上都能制服他。如果警察在潜意识层面上能深刻地意识到，他的行为不是由评判性的、受社会影响的偏见所决定的，而是由客观标准所驱动的，那么他就会拥有我提出的那种正直品质。因此，他将有能力并且愿意为了追求高价值的目标付出全部努力。

我们可以把尊重看作一个平衡的概念来理解。一般来说，对你所接触的人的"不尊重"有两种表达方式。第一种方式，我们之前已经讨论过，是蔑视对方。这种想法会导致意想不到的后果：我们低估了对方伤害我们的能力。如果他人并没有与我们建立起信任关系，而我们还是夸大他的优点，这也是一种不尊重的行为。当我们根据个人偏见和经验迅速做出判断时，就会出现这种情况。我们已经形成了固定的思维模式：如果我们认为对方和自己价值观不同，就会和他保持距离，从而让自己感觉更舒服。相反，如果我们认为对方与我们有相似或共同的理想，就会本能地去相信他。许多警局都有警察殉职的情况，就是因为这些殉职的警察在应对嫌犯时没能意识到对方是潜在的危险分子。其结果是，当对方突然使用暴力，警察的犹豫不决加上情况迅速变化，导致警察处在极端致命的局面。

阿尼玛："内在的"准则

培养高尚的"阿尼玛精神"可以使警察坚持原则，而不是倾向于蔑视他人，陷入自我欺骗。基于基本价值观的行为准则并不是新的概念，事实上，在许多文化中，这些准则被用于指导社会的保护者履行其各自的职责。这些准则大多具有"外在"的性质，用于指导个人或群体的外在行为。战士和维和人员的职责是保卫人民，因此在他们的文化中，这些准则具有强大的指导力量。香农·E·弗伦奇博士指出：

> 在许多情况下，根据荣誉准则，战士要比他们所服务的社会中的普通公民具有更高的道德标准。该准则不是从外部强加的。战士们自己也严格遵守这些标准，违者会被其他战士羞辱、排斥甚至杀害。就拿历史上的罗马军团为例，如果一名战士在战争期间本应值守的时间睡着了，他可能会被自己的同伴用石头打死。战士准则不仅规定了他应该如何与其他战士互动，还规定了他应该如何与社会上的其他成员、他的敌人和他征服的人互动。准则约束战士，给他的行为设置了界限。准则规定了什么是可敬的行为，什么是可耻的行为。中世纪的骑士准则规定，骑士必须宽恕在战斗中向他投降的骑士。在封建的日本，武士不仅不能私下秘密接触对手，还要在战斗前公开宣布自己的身份。战斗中的穆斯林战士不能使用任何武器，只有在他们的敌人首先使用的情况下，他们才能使用同样的武器。[1]

自律对于现代社会的保护者来说固然重要，对于警察来说尤其重要，因为我们与公众的特殊关系决定了我们不能作为一个独立的实体而存在。随着社会的发展，规范行为的"准则"经历了巨大的变化以适应社会；然而，对于那些以服务社会为主要职责的警察们来说，他们的指导原则应当是永久不变的。

---

[1] 香农·E·弗伦奇，《勇士代码：探索勇士价值观的过去与现在》，马里兰州兰哈姆：罗曼和利特菲尔德出版社，2005年。

组成现代化警察队伍的男女警察都迫切需要一种准则或"内在方法"，既能保护他们不受犯罪因素的危害，也能防止他们陷入自我欺骗的危险。我们所提倡的准则并不是一种外在的准则，而是从警察的内在开始起作用。它不是简单地管理行为，而是管理比行为更深层次的东西。它与我们内在的方式有关，并决定了我们如何理解周围的世界。这种准则——阿尼玛——可以当做一副"性格地图"，来帮助那些承担着重大责任的警察，集中自己的才能，追求一生光荣地服务。

我们还要考虑一个重要问题：如何区分士兵和警察的工作职责。人们把警察和士兵做了许多比较，虽然大多数对比都是为了区分两者根植于荣誉的悠久传统，无伤大雅，但一些最优秀的警察已经丢失了执法的基本使命。军队的文化与警察的文化在武器熟练程度、入伍仪式、为人民服务等方面有着相似之处，但两者的基本使命却有着天壤之别。士兵的目的是捍卫军队的文化理想，也就是不让外来力量破坏或征服整个社会。警察则是在社会秩序的范围内工作，保护社会秩序，不让其自我破坏。士兵与入侵的敌人作战，而警察则与社会上的其他人建立伙伴关系，并鼓励他们遵守法律。这是确保"自由"社会运作的唯一途径。士兵杀人是为了战胜敌人，而警察只有在公正地为法律服务以维护社会秩序时才能使用致命的武力。

警察经常被当做是一种占领军——实际上他们自己也这么认为——当周围社区出现麻烦时做出反应，一旦恢复现状就撤退。在过去，人类的行为主要受文化和社会规范的约束，而现在，即使是最轻微的违规行为，也要依靠政府来处理。在这种社会环境下，即使警察承诺过，为了维护安全与繁荣，要与公众合作，现在他们还是会以一种"我们对抗他们"的心态来看待与公众之间的互动。警察对公众采取对抗的态度已经成为普遍现象，尤其是在他们认为公众对他们的行动不支持或过分批评的时候，更会采取这种态度。这种扭曲的现象强化了警察是独立于公众之外的实体的观点，并可能导致警察形成一种自我辩解的模式，使警察变得待人粗鲁、缺乏同理心，甚至有时做出非法的行为。这种认知是在无意识中形成的——数百年来警察在和公众的互动中不断重复这一过程，并慢慢形成固定的认知——这也是警察文化逐渐偏离服务意识的必然结果。懂得如何给汽车换机油并不足以使你成为一名汽修工。对士兵或警察来说，懂得如何有效地使用武力，也不足以成为一名战士。士兵们明白,最重要的战斗是内心的战斗。这场战斗对抗的是我们对自己和他人的自我欺骗倾向,需要战士们的高度关注。理解他人——甚至是我们的敌人——的关键就在我们的内心,而对"阿尼玛特质"的了解和追求将推进我们理解他人,只有这样,才能成为一名真正的战士。

正如公共管理领域的作家金姆·沃德和欧内斯特·克里斯特所指出的:"这种'我们对他们'的心态表现在两个方面:与管理者的敌对关系和与公众的疏远。职场中充斥着非管理者,他们对管理者表现出一种'我们对抗他们'的心态,并非偶然。特定的行为培养了这种心态并促使其发展。"[1]这似乎是一个合乎逻辑的结论:在警察机构内表现出来的疏离感,最终会表现为对我们与之有社会契约的社区成员缺乏尊重和同情。

这种"级别差异"拉大了警察和他们巡逻的社区之间的距离。警察在精神上、身体上和情感上远离执法对象时,会感觉更舒适,不把最具挑战性的执法对象当人看待,也不会把在地理上或种族上有关联的人当人看待。这使警察更容易为自己的不当行为辩护,也会不可避免地产生优柔寡断心理,因为大脑的决策中心充斥着不准确、过于主观的数据。尽管居民对犯罪和骚乱有天生的恐惧感,但和不被警察善待的恐惧感相比,他们更愿意忍受对犯罪的恐惧感。

正如导言中所提到的那样,现代领导理论关注的是人格伦理,而回避了人格发展的基本原则,它们潜移默化地融入了大众文化的结构中。执法部门已经接受了这样一种观点,即警察与社会上其他人是分开的,他们应当对居民"执法"。实际上,警察不仅是他们服务的社区的成员,还应当表现出最优秀的个人品质。并不是说警察不需要具备比普通人更高的执行任务的能力,而是要采取一种平衡的方法来培养较强的责任感和训练有素的技能。这样可以增强警察的英雄主义感,使他们作为社会的保护者,不会对那些不能或故意不保护自己的人产生反感。这种对普通公民的反感会导致权力的滥用,也违背了执法的基本原则。

我们必须努力培养过硬的"阿尼玛特质",以使我们不管身在何处都能拥有崇高的核心价值观。这种"阿尼玛特质",根植于我们以原则为核心的价值观,是保

---

[1]《战略规划:一种可以预防腐败、导致腐败的不当行为以及即将到来的危机的领导力工具》,6月,华盛顿特区:美国司法部,联邦调查局,1998年,第18—20页。

护我们文化中正义公仆——警察——心灵的护盾。这一护盾不仅保护警察在街头所面临的人身威胁，而且保护他们不受更具威胁性的内在倾向的伤害，这些倾向会导致自满并侵蚀人格。这种"阿尼玛特质"为无条件尊重提供了基础，为警察的安全提供了战术上的保障。

第四章　我听到你说的每一个字，但我听不进去：我应该在乎吗？

　　除非一个人有听力障碍，否则是可以听见的，即声音是可以被感知的。倾听则不同：你必须有意识地进行选择，以便理解所听到词汇的意义。"大多数人倾向于'听不进去'而不是'听不清'"。①

　　对警察来说，倾听、理解、受他人的影响并对他人的信息内容做出适当的反应，会不会是关乎生死的问题，或是影响到职业生存发展的问题？

　　密苏里州堪萨斯市警察局的警务专员委员会开除了两名警察，这是一个不同寻常的案例。2006年2月，两位名叫施奈尔和斯宾塞的警察以涉嫌悬挂伪造的临时牌照为由，让索菲亚·萨尔瓦靠边停车接受检查。

　　她反复告诉两位警察自己怀孕了，还在出血，需要去医院。但两位警察不愿听她解释，也没有叫救护车。他们以尚未定性的逮捕令逮捕了她。怀有将近4个月身孕的萨尔瓦在监狱里待了一晚，第二天早上就流产了。②

　　无论如何这起案例都是悲剧性的。最新的新闻报道表明，即使萨尔瓦当场就接受医疗救助也无法保住胎儿。然而，对这起事件的前期调查表明，还是有保住妊娠的可能性，这种可能性像乌云一样笼罩在萨尔瓦女士和两位警察的头上。之

---

① 明尼苏达大学，德卢斯，"听见与倾听"，2006年，http://www.d.umn.edu/kmc/student/loon/acad/strat/ss hearing.html(2008年8月18日访问)。

② KMBC.com，"委员会：因流产被解雇的警察：孕妇在车辆拦停期间要求治疗"，2008年5月23日发布并更新，http://www.KMBC.com/news/16377833/detail.html(2009年9月6日访问)。

47

后,堪萨斯市警察局不仅失去了两名训练有素的警察,还因为制造了全国性的丑闻,被提起诉讼。虽然两名警察先前的工作经验和人品可以证明他们还是很优秀的,但最后还是丢掉了工作,并作为错误执法的代表向全国警示。

下面是关于这一案例的思考,这一思考并不是由上述悲剧案例的"内部"信息所带来的结果;因为我们所掌握的信息不比任何公众成员多。作为一个局外人,要找出这起令人不安的事件背后的根本原因,应当考虑至少两个可能有关的重要因素。首先要有明确且具体的组织社会结构和培训过程,以及模糊和抽象的社会契约。其次要考虑个人记忆的影响,这些记忆可能会影响判断和社会交往。在考虑了这些因素之后,我对这个迫在眉睫的问题提出一个可能的答案:"为什么没有重大纪律处分记录的杰出警官会在他们的车载记录仪前冷静、有意地做出最终会结束职业生涯的行为?"[1]以下的分析可能并没有切中要害,因为只有警察部门才能够接触到完整的调查档案,对根本原因进行全面的调查,而在调查之前,是不会有人知道原因的。在过去几十年里,这类调查在军事、航空和医学领域都是很常见的。在我撰写本章的时候,堪萨斯市警察局还处于起步阶段。他们正在学习如何给自己提出棘手的问题,比如我在上一段中提到的问题,然后研究出解决方法。在詹姆斯·D·科文局长提出的"未来蓝图"倡议下,管理和决策委员会成立了一个名为"探究干扰判断的因素(J. I. F. I.)"的小组委员会,我(杰克)是该小组委员会的策划者和主席。该委员会由具有不同背景的执法人员和在执法方面发挥关键作用的公众组成。我们还引进了一些顾问,如一名伦理学家,一名风险管理专家,一名研究人类认知、视觉和注意力局限性的科学家,以及数位在人为因素意识方面有所研究的航空公司培训师。我们委员会的目标是从头开始建立一个全面的计划。最终,我们希望能够主动识别和减少将执法任务与事故和灾难联系起来的因素。请参阅本书的最后一章"激活一种文化",了解更多关于该计划的讨论。目前,我们已进行了一场旨在解释个人记忆、组织社会和培训过程如何阻碍倾听的讨论,并探讨了可能的缓解策略。

---

[1] "两名警察因使用泰瑟枪而被解雇:警察委员会说没有欠薪和福利", http://www. thekansascitychannel. com/news/4754689/detail. html(2009 年 9 月 4 日访问)。

能阻碍人们倾听的记忆

似乎有一场悄无声息的革命正在全世界专业人士的认知中扩散开来。这门记忆学科看起来条理清晰，令人信服，但同时，它又是如此违反直觉，以至于我们可以毫不费力地忽略它的含义。这门学科挑战人类对世界的基本认知，并促使人类重新思考。我们来看看英国心理学研究委员会关于记忆的简要概述：

> 记忆是人们对所经历的事件的记录，而不是对事件本身的记录。在这方面，它们不同于其他的记录媒体，例如录像或录音，这些媒体和人的记忆是无法相提并论的。①

英国心理学研究委员会还指出，单个的事件并不能组成记忆，过去的经历也会成为当前记忆的一部分。因此，即使一段记忆包含特定的细节，也不能说事件真的像记忆中的那样发生的。事实上，人们还会记住他们甚至没有经历过的事件："这些通常被称为'虚构'"。

随着DNA检测技术的普及，许多在监狱里坐牢的人都被无罪释放，他们曾经被定罪的依据是目击者的证词，这种证词曾被作为最重要的证据。让那些负责起诉罪犯的人懊恼的是，似乎人类大脑的设计更多的是为了个人生存（回忆和应对危险），而不是作为目击者提供可靠的证词。

接下来我将论述关于一个普通人的记忆传给另一个人的一些研究发现，然后把这些发现和上文中我提出的问题联系起来，我的问题是："为什么没有重大纪律处分记录的杰出警官会在他们的车载记录仪前冷静、有意地做出最终会结束职业生涯的行为？"

人类的思维通过建立一系列的图式来运作，这些图式包含图像、思想、文字和情感内容，情感是决定人类生存最重要的图式。例如，一个从未被柴火炉烧伤过的小孩可能会发现，火炉是一个温暖而有趣的东西，老是想着摸一摸炉子，看一看到底是什么样的感觉。父母必须努力保护好孩子，控制住他的好奇心和无知，因

---

① 英国心理学会研究委员会，《记忆和法律指南：人类记忆科学研究的建议》，英国莱斯特城：研究委员会，2008年。

为孩子的脑中并没有预先存在的图式,使他们能对炉子保持警惕。然而,一旦孩子被柴火炉烧伤过,父母可能会发现,曾经被吸引到火炉旁的孩子,现在甚至不愿与火炉待在同一个房间。现在,当孩子看到火炉时,他感到的不是有趣和好奇,而是恐惧和排斥。根据这个新图式——被烧伤的记忆——孩子现在有了一种自主反应,这种反应通过肾上腺素、皮质醇和其他应激激素使孩子产生恐惧感。需要注意的是,对孩子来说,刺激,即看到的炉子,并没有改变,改变的只是解读刺激的图式。同样需要注意的是,由于应激反应的发生速度比大脑的认知过程(即意识思维)要快很多倍,所以几乎不能简单地"断定"孩子没有产生应激反应。

下面的事件说明了这种现象是如何在一个有权威的成年人身上发生的。作为5个孩子的父亲,我(杰克)多次观摩过州立驾考机构的驾照考试。有一次,我16岁的儿子开车驶离州立驾考机构大楼开始驾照考试,州考官坐在副驾驶的座位上。他回来后,我惊讶地看到他以完美的侧方位停车结束了测试。但让我吃惊的是,考官下了车,情绪失控,暴怒不已。"祝你好运!"考官咬牙切齿地对我的目瞪口呆的儿子喊道。从考官的措辞很快就能看出,她很可能与自己的"叛逆无礼"的孩子有过或曾经有过一种非常对抗的关系。很显然,是我儿子的面部表情触发了这位考官大脑中潜意识的自主反应。正因为是自主的反应,她对自己孩子的情绪都发泄到了眼前这个年轻人身上。我猜测这是因为她一开始提到过自己的孩子,然后,在她的长篇大论讲到一半时,她回头看了看我儿子,我儿子低着头,然后摇头回应她对他性格的攻击。当她看到我儿子摇着头时,她的声音提高了两个八度,她尖叫道:"他又这样了!"在此期间,考官在生理上已经丧失了:(1) 认知推理的能力,比如"作为一名专业人士,我没有理由对这个人和他的儿子如此失控、居高临下和粗鲁无礼";(2) 真正的倾听。由于应激激素充斥着她的大脑和身体,她只想着对抗、逃避、冷漠、屈服或摆姿态。在这件事中,她是摆出某种姿态,与我和我儿子对抗。我猜测她的行为应该很像她要和自己孩子对抗时的姿态或是动作。显而易见,如果我或我儿子对这位考官的行为有一种情绪化的图式,很可能会发生混战。由于她对常见的面部表情都会有"一触即发"的反应,因此可以推断,她与她的孩子之间的关系非常紧张。当然,她肯定会把这种紧张关系怪罪于十几岁的孩子的身上;毕竟青少年永远是无礼的反抗者(参见本章末尾引用的阿宾格非暴力原则)。事实上,我当时只是听着考官说话,直到她把怒气发泄完，恢复理智为止。然后我带着我儿子去拍驾照证件照，向这个倒霉的年轻人解释刚刚是怎么一回事。

建立一种思维图式

现在从社区青少年的角度来考虑这个问题。当一名穿着制服的警察出现在一所普通的中学里，对于这样的场景，不同的人会有不同的反应。一名年轻人可能一看到穿制服的警察就会感到恐惧和害怕；而另一个年轻人则可能会感到宽慰和喜悦。其他人的感觉会处于这两者之间，各不相同，甚至包括漠不关心。每个年轻人的反应只是他们对头脑中预先存在的思维图式做出的一种评论，与警察几乎没有任何关系。我们来探究一下年轻人感到恐惧时是什么思维图式。假设在几年前，一个被宠坏的两岁孩子走进一家街角的小咖啡馆，和父母一起吃午饭。一走进咖啡馆，他就注意到了收银台旁的糖果机。他说想要一个糖果，但被告知"不行"。他边哭边被带离这台色彩鲜艳的糖果机，于是为了抗议没有得到糖果，直到最后他都没吃午饭。他的父母非常恼火，用手指向坐在附近的两名身穿制服的警察。他们用威胁的语气和这个还在蹒跚学步的孩子说了一些经常让警察们感到哭笑不得的话："你看到那边的两位警察了吗？你最好乖一点；如果你不安静下来，继续哭闹，他们会把你关进监狱！"这是这个小男孩第一次把注意力放到穿制服的警察身上，他那敏感又幼小的心灵还不会意识到"噢，我的父母在用夸张的辞令吓唬我，因为他们想逃避父母的教育责任"。相反，这个小男孩被吓坏了，他的脑海里形成了一种思维图式，包括穿着制服的警察，以及警察可能把他从父母怀里夺走使他产生的恐惧感和各种情绪，原因仅仅是他想要一个糖果。8年后的一个星期六的早晨，这个10岁的男孩正在家里和他哥哥一起玩耍。他们不知道的是，隔壁的邻居昨晚放纵一夜，喝得醉醺醺地回家，还打了自己的孩子。警方接到报警后，第一批赶来处理的两名警察也遭到了这名暴怒醉汉的袭击。这两名警察继续"呼叫支援"，这个10岁的男孩听到街上的警笛声后向外张望。他看到5名警察用"严厉"的压制和疼痛控制战术（这名男子在醉酒后的暴怒状态下对大多数战术产生了免疫）将他"可怜"的邻居拖出家门，这种方式似乎过于激进。在这一瞬间，这个少年在脑海中提取出旧的思维图式（这一过程要比认知过程快很多倍），眼前新的、令人可怕的且不完整的信息和情感又被添加到已经让他很不安的记忆中。三年后，这个少年上了中学，在学校里看到一名穿制服的警察时，根据旧的思维图式并结合眼前新的场景，他会立刻感到恐惧和害怕（这一过程要比认知过程快很多倍）。

警察对上述思维图式的反应

我们再从警察角度来探讨这个场景。这名警察来这所中学是为了和年轻人开展一项关于生活技能的有趣的项目。当他看到那个受惊吓的年轻人像"被车灯吓呆住的鹿"一样时，几乎在毫秒之内，这名警察就在潜意识里感受到了应激激素的释放，在生理上准备对抗、逃避、冷漠、屈服或摆姿态（即使执法政策和社会结构使警察只能选择摆姿态）。多年的训练、街头巡逻经验以及更衣室里同事间的打趣使这名警察产生了一种图式，将过度恐惧、鬼祟或充满敌意的表情解读为暴力行为的前兆或犯罪活动正在进行的证据。这名警察立刻充满了怀疑："这是什么意思？"这名年轻人把自己的图式带到了这一场景中，而警察则对同一场景有完全相反的思维图式，本能地对该年轻人的表情做出反应。导致这两种思维图式相互冲突的唯一共同点是警官穿的制服。其他一切因素都是不同的和不相关的，但双方都认为和其他因素有关。

假设这位警察稍后要听一位值得信任的老师讲课（这里的听和警察面对执法对象产生压力反应还要去聆听是不同的），作为知己，这位老师告诉该警察，那名被吓坏的学生既不是罪犯，也不是任何麻烦制造者；事实上，他在学业和社交方面都是模范学生。但老师并不知道这名学生对警察的思维图式是什么，并且因为老师的思维图式完全不同，她根本察觉不到警察在想什么。这名警察很可能会陷入自我辩护和谴责他人的思维循环中，比如，"这个孩子以为自己是谁，对我很愤怒或者既怕我又恨我？他甚至都不认识我；我来这里是为了建立友谊，而他真是个混蛋。"

每当我们处理记忆及其带来的经验时，我们实际上是在重建经验，而不是记录事件。我们面前的刺激物和我们的记忆几乎没有关系。我们对一件事的记忆和情感与这件事本身相比，更像是一部自传：

　　人们通过"思维图式"和"脚本"来认识世界，这是对事物和事件的刻板印象。当他们在感知或记忆中认识到一个情况时,他们会选择最合适的思维模式或剧本脚本,并可能无意识地填补缺失的信息,以完成经验重建。①

这些因素不仅会给一位依靠他人的记忆来立案起诉的检察官造成困惑,还会使原本有效的人际沟通变得极其困难且违背人的直觉。为什么呢? 让我们再回头看看中学里的学生和警察。那名年轻人既害怕又恐惧;那名警察感到既怀疑又有些埋怨;但是他们两人并不知道,也不会在意,为什么对方会有不一样的想法和情感。如果他们用语言交流,他们就会把自己的情感和态度带入对话中(见第六章),从而破坏了双方的互动。那名年轻人本来就感到恐惧和害怕(他这么想是有道理的),因此,他用自己的思维图式来解读那名警察的言行。由于那名警察本来就对年轻人充满怀疑,又有些埋怨(他也有正当的理由让自己这么想),因此这名年轻人的所有言行也都被警察用自己的思维图式进行解读。即使这次活动与他们个人的真实身份没有任何关系,最好的结果也只会是年轻人和警察都不被对方信任、相信或有尊严地对待。

最具讽刺意味的是,这名警察来到这所学校是为了参加一次社区警务的展示活动。但表面之下的人际关系问题会破坏和毒害这些努力,造成不必要的压力应激反应和荷尔蒙释放。事实上,从我自己有限的经验来看,警察经常会发现,那些参与社区警务最多、最积极的社区居民才是最难对付的人。

最好的结果是,由于人际间的预设和应激激素带来的困惑,即使通过各种努力也无法促进伙伴关系;最坏的结果是,这些努力可能会导致一个危险的循环过程。早期对老鼠大脑的研究似乎可以证实这种可能性。

> 研究结果表明,即使应激荷尔蒙的激增与打斗无关,降低攻击阈值的副作用仍可能导致暴力行为。老鼠的应激激素升高,促使它们发起攻击,使它们在看似温和的环境中具有更暴力的倾向。②

---

① 马克·格林,"目击者的记忆是不可靠的",视觉专家人为因素,http://www.visualexpert.com/Resources/eyewitnessmemory.html(2008 年 8 月 18 日访问)。

② 雷切尔·阿德尔森,《荷尔蒙、压力和攻击性——一个恶性循环:老鼠研究显示压力荷尔蒙和大脑攻击中心之间存在反馈循环》,APA 在线,心理学监测,美国心理学会,2004 年,http://www.apa.org/monitor/nov04/hormones.html(2008 年 8 月 30 日访问)。

当思维图式互相冲突

这种危险的循环过程在日常生活中上演时是什么样子的？一个典型的"路怒症"事件可能很有启发性。1996 年 11 月 27 日,两名年轻女子在俄亥俄州辛辛那提市 71 号州际公路上驾驶,一名女子开车挑衅,另一名女子被惹恼后也做出了回击,两个人在"路怒症"的状态下互相对峙。这两名年轻女子之间的暴力冲突不断升级,最后,其中一名女子——两个孩子的母亲,采取了暴力驾驶来逼迫,使另一名女子撞毁汽车,并严重受伤,甚至流产。这位有两个孩子的女士继续开车上班,还吹嘘她赢了,满嘴脏话,认为自己做得对。最后的结果是,除了胎儿因流产而死亡外,这位两个孩子的母亲也因为犯有严重车祸致死罪和严重车祸伤人罪,被判入狱一年半。①

如果感到愤怒和发起攻击这种循环可以从一些正常和良性的事情开始,例如日常通勤或棒球小联盟的比赛(经常都能看到),那么警察工作中存在的潜力是显而易见的。目前,为了缓解这一始终存在的现实:

• 警察不断地对攻击性或暴力行为做出训练有素的反应,从而克服本能的反应。

• 为警察提供抗压或力量对抗训练,避免因为对他人充满敌意而带来负面的影响。

• 为警察提供战术性沟通流程的培训,使他们能够遵守口头命令,并帮助他们展现出专业的形象。

不过,培训有时也会产生意想不到的结果。这些意想不到的结果可能会存在数年甚至数十年而不被发现。我们并不是要把这个问题"彻底解决";我们只是主张提出问题,并寻求答案,而不是像本章开篇所举的例子那样,盲目地接受悲剧结果,将其视为无法解释的判断失误。

---

① 利兰·R.·博蒙特,《情绪能力的重要性:避免情绪无能的悲剧》,2005—2008 年,http://www. emotion-alcompetency. com/need4. htm(2008 年 9 月 1 日访问)。

能带来意想不到结果的培训

现在我们来看一看,20 世纪 70 年代的培训是如何产生意想不到的致命结果的。根据目前的讨论,我们再来考虑这个问题:"为什么没有重大纪律处分记录的杰出警官会在他们的车载记录仪前冷静、有意地做出最终会结束职业生涯的行为?"

我们可以从过去学到什么?

在培训过程中,执法培训官已经意识到要涉及三个方面:

知识——告诉警察:提供与政策和流程相关的信息和知识;

态度——劝说警察:作为转变自我的导师,帮助警察在遇到新的观点、新的流程、新的执法步骤、未见过的他人的反应时,能克服自己的抵触心理;

技能——训练警察:帮助学员掌握必要的技能,使他们成为合适、合格和专业的警察。

例如,为了有效地介绍和讲授叫停车辆检查时,关于种族定性的报告步骤,可以让学员做以下几件事:

- 针对种族定性参加一些法律和流程上的培训(知识)。
- 学习一些基于现实的解读和案例,了解种族定性如何以及为什么对执法、社区和警察的职业生涯有害。理想情况下,学员将有机会从某个人的角度来理解种族定性,尤其是在执法和社区工作中,他是如何因为种族定性而受到伤害的(态度)。
- 学员可以观看叫停车辆检查的录像,填写和报告步骤有关的表格(技能)。

执法部门的领导和培训官通过痛苦的试验和错误才学到这样的经验:无论是否有意为之,所有的培训总是影响到这三个方面(知识、态度、技能)。这种经验是从:

70 年代糟糕的训练方法中得出的,当时我们的培训重点是收集黄铜弹壳(子弹射出后拿出留在左轮手枪内的弹壳)。随后便发现警察死于枪战,而他们的手里还拿着黄铜弹壳。①

再以加州纽霍尔事件为例,这起事件发生在 1970 年,现在已经臭名昭著:

> 加州 4 名高速巡警死于一个有犯罪前科的文盲手里。至少有一名警察被发现,他冰冷而僵硬的手中还紧握着一些开枪后留下的口径为 38 毫米的弹壳,这是他在交火中本能地按照射击训练操作的结果。②

20 世纪 80 年代,在很多警察射击训练中,在手枪打完子弹后,警察都必须将空枪装进皮套,把黄铜弹壳放在桶里或放在他们面前的桌上后,才能转到下一个射击训练。这是为了保证靶场的清洁和安全。每个人都"知道",在真正交火的时候,警察会重新装弹,再对准射击目标。培训官显然没有意识到上述原则:无论是否有意为之,所有的培训总是影响到这三个方面(知识、态度、技能)。在对抗的压力下,警察只会按照他们在心理运动技能上接受的训练来行动,而不是按照他们在认知领域所接受的训练来行动。

可悲的现实是,20 世纪 70 年代那些无知和致命的错误观念导致了上面兹博伊涅维奇和汉金斯③所描述的情况,并且直到 80 年代的培训中,这些观念仍然根深蒂固。这就好像十多年来,现实一直在撞击执法部门的知识之门,但却很少有人听到撞击声。我们的拙见是,通过萨尔瓦案和其他案件,现实再次敲响了警钟。

---

① 培训专家、AZ 邮报董事会主席马克·兹博伊涅维奇,国防战术主题专家委员会,引用自力量科学新闻 (2007 年 1 月 26 日),http://www. forcesciencenews. com/home/detail. html? serial=64。

② 克里斯·B·汉金斯,"新范式:警务发展更重视强大的手枪装备和战斗生存与训练的心理方面",刑事司法研究所执法监督学院会议,2004 年 11 月 8 日,http://www. cji. edu/papers/HankinsChris. pdf(2009 年 9 月 7 日访问)。虽然"拾取黄铜弹壳"的要求被广泛接受,布莱恩·麦肯纳的报告指出,加州高速巡警正式否认了"拾取用过的黄铜弹壳"的做法,见布莱恩·麦肯纳得《警察倒下! 街头执法的教训》(加拿大阿尔伯塔省卡尔加里市:书摊出版社,2008 年)。另一方面,我的领导学院同事丹尼尔·施默在成长中对"纽霍尔事件"有着生动的回忆。丹尼尔的父亲罗伯特·施默是密苏里州高速巡警(MSHP)的高级警员,1972 年是 MSHP 培训学院的助理主任。丹尼尔回忆起他的父亲前往加州圣路易斯奥比斯波,在那里参加了"纽霍尔事件经验教训"的培训。丹尼尔清楚地记得他的父亲带回来一张照片,上面是一排空的黄铜弹壳,排列好放在一辆巡逻车的保险杠上,据说这些弹壳是在一名警察被杀的地方找到的。施默回到密苏里州后,肩负着改革 MSHP 学院培训流程的重担。MSHP 学院的教室里,学员前面有折叠的讲台。除其他用途外,这些讲台主要是让学员存放培训期间使用过的黄铜弹壳。丹尼尔的父亲后来做了学院的主任,再后来又做了学院的行政局指挥官。1989 年,丹尼尔的父亲在 MSHP 任职期间死于癌症。丹尼尔说他的妹妹也曾在 MSHP 任职,并以警长的级别退休。丹尼尔的妹妹告诉他,1976 年她还在 MSHP 学院任职时,柜台仍然在那里,但他们不能使用它们,并特别被告知"不能放黄铜弹壳"。

③ 兹博伊涅维奇,引自《武力科学新闻》;汉金斯,"新范式"。

这个行业是否还停留在解雇警察、收紧政策和集思广益的老路上？还是说，它已努力提出棘手的问题并对长久以来的思维图式进行审视？

前车之鉴

现在，回到我们的问题并研究一下阻碍倾听的培训过程。记住我们在上面学到的原则：无论是否有意为之，所有的培训（也是内在的社会化过程）总是影响到这三个方面（知识、态度、技能）。许多战术性沟通流程几十年前就有了，至今仍在使用，这些流程讲授的是一种假装的或战术性的尊重。其主要内容就是警察以专业人士的身份面对公众，这样就可以对公众持有任何内在的态度。在第六章中我们将看到，当前的研究已经有力地揭穿了一个人可以向另一个人隐藏内心的厌恶态度这个神话。

目前，人们已经解释了记忆如何产生愤怒和厌恶等偏见性的内在态度，而这些偏见性态度反过来又会使人几乎无法倾听，并受到他人信息内容的影响。如果主张以这些内在态度作为无关紧要的借口，这样的培训是否会在无意中助长了这种有害的内在态度？这是否创造了一个危险的潜意识现实，就像那些在枪战中被黄铜弹壳分心的警察那样？这种可能性似乎对执法部门非常重要，因此我们不仅要指出这个问题，还要假定它是正确的。毕竟，不挑战内部态度有什么好处呢？内部态度会助长对他人的贬低性偏见。

支持倾听和人际效能

本书的最后一章将详细论述如何"激活"组织文化，以下是本章讨论中与这一话题相关的简短摘要。

关注并支持"阿尼玛特质"

让我们考虑一下上述关于记忆和图式的数据，以及阿宾格研究所关于内在态度对他人影响的发现。[①] 你将观察到一个危险的迭代循环，它直接影响到当前的

---

① 阿宾格研究所，"阿宾格非暴力原则"，http://www.arbinger.com/downloads/principles_of_non_violence. pdf（2008 年 7 月 22 日访问）。

问题。这个推理始于一个显而易见的观点：所有的人都是人。虽然这句话看似简单易懂，但却蕴藏着深刻的含义。作为一个人就意味着他们会将过去的记忆、图式、恐惧、需求、希望和欲望带入他们自己独有的互动中。他们（和我）将通过经验网格来解读这种互动。

深陷自我的图式、需求和恐惧之中，我会自然而然地忽略（假装与它们不相关）他人的图式、需求、恐惧、希望等等。这是一种忽视他人人性的做法，不仅有损于我自身的安全，而且还将他人以物相待。一旦我将他人视为物体，我们之间就会产生一种极度不和谐的状态，人际关系问题、敌意和暴力就会随之产生。由于这一过程发生在双方的前意识和潜意识层面，因此就会产生一个不断恶化的循环，这一循环从彼此的反应中获取动力而得以自我延续。

要想打断这个破坏性的过程，唯一的方法就是要提升至少一方对另一方的内在"阿尼玛特质"。因此，我们郑重声明：执法这一职业需要一种将所有人视为人的个人"阿尼玛特质"，这种精神根植于正直，以勇气为支撑，表现为对所有人无条件尊重。

挑战有害的社会规范

当亚文化群体使用绰号来给其他亚文化群体的人贴上标签时，人们认为这是为了灌输团队精神，让人们更容易"处理"其他亚文化群体对社会的反感。实际上这两方面都不存在。这种行为还在不同亚文化之间以及每个亚文化内部造成了冲突和不信任的循环。这样做只是在告诉使用绰号的亚文化里的人："如果你脱离了这个圈子群体，我就会这样对待你。"这种行为在亚文化之间则会导致前文所述的那种恶性循环。此外，研究一再表明，人们会因为一些看似无害的事情而使用暴力或虐待他人，例如一个简单的非人化标签。

心理学家阿尔伯特·班杜拉博士在 1975 年的一项实验中发现，如果学生们听到自己被其他同学称为"动物"，他们对其他学生的反应就会像是被高强度的电流击中一样。[1]

---

① 梅丽莎·迪特曼，"是什么让好人做坏事？"，APA 在线：心理学监测，2004 年 10 月第 9 期，http://www.apa.org/monitor/oct04/goodbad.html。

现在我们再看看那起发生在孕妇和两名警察之间的悲剧性事件。解决这个问题的最好方法可能是提出一些反问句并找寻答案，我们假设读者已经了解本章所提出的社会、结构和培训问题，以及前几章中提到的个人"阿尼玛特质"问题。

- 如果培训过程、组织系统和社会结构专门针对那种在所有组织和社区成员面前都采取傲慢或不人道态度的警察，并围绕负面的偏见建立问责制，而不是默许这些偏见的存在，那情况会怎样呢？

　　负面的带有偏见的预设会被暴露出来，并接受持久性的是非原则的挑战。（见图 2.1a—2.1 j）。

- 如果无条件地尊重所有人（而不是有条件地或因其行为而赢得尊重）成为一个组织的社会和结构规范，情况又会怎样呢？

　　与社区居民的每一次接触都将有助于促进执法的基本使命，也自然会为社区警务打下基础。

- 如果所有的主管和指挥官都有责任始终保持一种无条件尊重彼此的内在态度，所有的一线人员都是社会灵感和文化规范的制定者，那会怎么样？

　　我们将对任何人的粗鲁、居高临下的言语或操纵行为零容忍。

- 如果鼓励所有警察将喜好、信任和奖励与尊重分开，并为此承担责任，会怎么样？换句话说，即使你知道某人是罪犯、说谎者和不值得信任的人，你仍然无条件地尊重他。

　　这将提升警察真正倾听他人信息的能力，并对他人信息的内容有所反应，包括暴力或侵犯行为的非言语先兆。

- 如果组织内部的孤岛被拆除，取而代之的是促进安全、开放、诚实沟通的社会网络和系统结构，会怎么样？

　　这将带来持续改进，扩大信任，并激发利益相关者，从而释放他们的天赋。

小结

无条件尊重为所有组织中的有效培训、社会激励和系统流程提供了基础。无条件尊重能够促进倾听和交流——保障警察的安全,使警察毫不费力地与社区建立伙伴关系,并有效地解决问题。这才是社区警务的真正本质。

第五章　基于阿尼玛特质的领导力

我们必须变成我们想在世界上看到的样子。

——圣雄甘地

我们大多数人都是某种文化的一部分，而这种文化已使我们习惯于追求第一。我们整个社会的组织方式就是为支持这一理念，即若想"出人头地"，你必须自私。几乎所有人看起来都有一个共同点：我们希望得到更多，更多的钱，更多的权力，更多的控制。我们是自己命运的主人，这种感觉让我们感到安全。我们寻求控制尽可能多的结果。但具有讽刺意味的是，我们自身却不想受到控制。我们都应遵守统治世界的永恒原则。只有当我们学会使自己的行为与这些原则保持一致时，我们才能对生活进行一定程度的控制。

当我们（作者）与他人交流本书所包含的理念时，我们遇到了许多来自执法部门监督和管理层的反对意见，其中就包括："我们是一个准军事指挥机构，我们需要像军队的领导人那样更具权威性。我们没有时间去考虑或同情那些向我们汇报工作的人的感受。"我非常赞同这一观点的前一部分。在美国，绝大多数警察部门（包括中央情报局）都是准军事机构的代表。这是最有效、最实用的执法模式，而且自 1784 年以来，这一模式同样为美国军队的运行提供了良好的服务。美国陆军指挥手册——《陆军指挥、陆军野战手册 22－100》——宣称："你所服务的民众既满怀希望和梦想，又怀揣恐惧和忧虑。当你明白了情感力量所产生的意志力和耐力时,你便拥有了强大的领导工具。"①这种观点与我所交谈的大多数人对"军队"领导风格的想象形成了鲜明对比。对外行而言,军队领导模式的特征是,机械地执行命令,并把士兵看成是没有权利和情感的物体。在人们脑海中经常出现的场面是,训练场上一名中士正对着可怜的士兵大声地发号施令。美国军队领导者使用首字母缩略词 LDRSHIP 作为其指挥的准则:

- 忠诚
- 义务/职责
- 尊重
- 无私奉献
- 荣誉
- 正直
- 个人勇气②

当谈到领导力时,如果要在执法领域鼓励奉行军队的指挥风格,那也算我一个吧。如果这种价值体系对于世界上最强大的战斗部队来说行之有效,那么我相信它也应该成为提高执法影响力的一部分。

面对当前的挑战,如果我们的社会要继续运转而不至于崩溃,就需要对那些社会赋予其权力的人提出更多的要求。我们社会的领导者需要一种不同的范式。这些领导人有责任围绕一种以正直为根基,以勇气为支撑,并以对所有人表现出无条件尊重的内在方式建立问责制度。为了尽可能地对所有人表现出无条件尊重,我们必须首先认识到,我们与之打交道的人都是和我们一样有希望、有需求、有梦想、有恐惧的人。一些流行的管理理论无意中(或有意识地)推进将报告直接具体化这一做法。这一做法的理论根据是,统计类别产生的数字可以衡量业绩,决定价值。业绩多的下属受到重视,业绩少的下属得不到青睐。然而,基于"阿尼玛特质"的文化颠覆了传统观念,挑战了关于"老板"含义的先入为主的认识。对这种认识的第一个挑战是,位高权重(RHIP)。对许多人来说,这句话的意思是,

---

①《陆军指挥、陆军野战手册 22‐100》:确定,明白,执行,8 月,华盛顿特区:陆军总部,1999 年。
②《部队训练、陆军野战手册 7‐0》,10 月,华盛顿特区:陆军总部,2002 年。

一个人的职位越高,他有权享受的待遇就越多。除其他特权外,升职还意味着一辆更好的车,一间更大的办公室,还有更多的钱。

想想这个概念是如何与大多数警察机构的既定价值观相冲突的。我有机会向来自世界各地执法机构的监管人员进行授课。我总是问他们,他们组织的既定价值观是什么。最常见的回答之一是,"我们的员工是我们最宝贵的资产"。这听起来似乎是一个非常鼓舞人心的理念。任何人都想为这样一个重视员工的组织工作。但问题是,这样的既定价值观几乎无法从描述的愿景中落实到现实的操作环境中。大多数声称重视一线员工的机构,却总是为其级别较高的官员预留最近的停车位和最大的办公室。考虑一下这个问题:作为组织中最有价值(最受尊敬)并且在基本工作方面做得最多的员工,却必须走得最远,才能躲避风雨。

基于"阿尼玛特质"的领导者对于位高权重的理解却完全不同。因为这类领导者知道,赋予他的特权是为他人服务的特权。一个人的职位越高,她有机会支持、鼓励和服务的人就越多。这些领导者明白,他们不仅要对公众负责,也要对他们的上级负责,也就是那些信任他们的人负责。考虑一下古希腊克索涅斯(Xeones)关于领导者的定义属性,他曾在塞莫皮莱(Therpypylae)隘口的历史性战役中(温泉关之战),目睹了斯巴达国王列昂尼达斯的战死:

> 国王既不会利用恐惧命令他的部下效忠,也不会利用黄金购买臣民的忠诚;他赢得了他们的爱戴……最重的担子,国王率先举起,最后放下。国王不要求他的臣民为他服务,反而为他的臣民提供服务。[①]

走向领导岗位就意味着承担起诸多责任。人们追随你不是为了金钱或福利,他们肯定不会为诸如此类的事情去冒生命危险。当他们相信你,知道你关心他们,并为他们的最高利益着想时,他们就会追随着你。领导者的存在是为了服务他的民众,而不是相反。一旦你作为领导者接受了这一观点,就会释放出你从未想象过的影响力。

本章将讨论作者为其职业所倡导的基于"阿尼玛特质"的领导能力在新范式中的地位。必须指出的是,我们所讨论的领导能力并不仅仅局限于提高级别。级

---

① 史蒂芬·普雷斯菲尔德,《火之门》,纽约:班塔姆出版社,1998年,第360页。

别只代表其持有者指挥他人做什么的职位权限,只需稍加培训且加入少许动力,任何人都可以做到这一点。基于"阿尼玛特质"的领导力根植于这样一种理念:领导者的权力实际上是由被领导者赋予的。领导者需要以严格的纪律和一种能激发忠诚和信任的方式来履行其职责。对一个将能力建立在其过硬内在品性基础上的领导者来说,高度重视为他人服务是至关重要的。

基于"阿尼玛特质"的领导力的一个关键组成部分是能够运用纪律来确保集体目标的实现。除非领导者具备自我约束的能力,否则他将无法激励他人进行自我问责。影响他人的最有效方法是始终如一地做出表率。毫无疑问,领导者必须不断努力培养根植于牢固"阿尼玛特质"的基本技能。领导者只有在培养良好品性的基础上,才能专注于提高自己的能力,这是第二个关键组成部分,也是行为塑形的必要前提。这并不是说一个人不能同时培养品性和能力,但过硬的品性是基础,有助于确保其获得的每一项技能都与重要核心价值观相协调。只有高超的技能并不能造就一个有效的领导者,而且无须比照那些品性过硬者,此类领导者的每项技能都可能被误用或扭曲。

无论是关于品性或是能力上的问题,试图一次掌握所有理想的素质和技能都是极具诱惑力的想法。这种诱人的想法是人格管理框架监督模型的陷阱之一。问题在于,当一个有抱负的领导者——或任何与领导工作相关的人——试图集中精力同时改变多个方面时,其所做的努力就会被削弱,因为注意力太过分散。我们所提倡的领导力需要领导者具有觉察变革最出成效领域的洞察力,以及一次只专注于一个领域的自律。本章的其余部分将重点讨论每一位领导者必须培养的两个关键要素:品性和能力,以便激励他人,打造一个安全、诚实、开放的沟通环境,促进更好想法的产生和为公众服务环境的改善。

品性

品性是真实自我的本质,与我们试图改变他人对我们的看法而向其描绘的形象相反。对一个有品性的人来说,言行始终是一致的。对强大而有效的"阿尼玛特质"的不懈追求是品性发展的动因。当一个人寻求:

- 以一种正直和为他人服务的奉献精神发展自己的内在人格世界

　　• 在一段时间内面对逆境培养自己的勇气

　　那么其结果便是培养了成熟的品性。这种成熟有助于其做出关于对与错的具有挑战性的决定。对于任何想要领导并激励他人坚持原则、践行正确之事而非随波逐流或仅为权宜之计而行动的人来说,这种类型的品性是必须具备的。

　　在领导者能够培养出本章所提到的任何能力之前,他必须付出努力,打好过硬品性的坚实基础,并在此基础上培养自己的能力。领导者必须承受来自各方的监督和批评。因其具有较高的知名度,所以当一个项目或任务未能达到其规定的目标时,领导者往往成为指责或诋毁的最佳对象。要克服消极情绪,在嘲笑面前勇往直前,并从不可避免的错误中谦卑地吸取教训,就需要过硬的品性。品性构成了领导者的基石(与高效管理者不同,后者可能只在一些无须过硬品性的组织中起作用),而能力就是在此基石上培养出来的。品性自然会培养领导者捍卫自己的决定并从错误中吸取教训所需的技能。关于品性发展将在第八章进行更为详细的讨论。

能力

　　过硬的品性对于任何一位优秀的领导者来说都是至关重要的,但是要激励他人超额完成任务,只有品性还远远不够。领导者必须在其专业领域培养一技之长,才能不断发展其品性,追求重要核心价值观,并致力于磨炼其关键技能,这些技能将有助于他融入其试图去影响的人们的生活之中。你必须让向你学习的人感觉到你在自己的专业领域游刃有余。领导者必须得到信任,才能够激发出他人的最佳潜能;而追随者则必须对领导的专业知识、围绕组织最高优先事项的执行能力和决策能力充满信心。领导者必须能够胜任其工作。

　　我认识的所有技术高超的枪械教官几乎都能用子弹绕着普通枪手的弹孔射个圈。他们熟练地掌握了有关枪支的基础知识,并通过无数小时的集训提升了自己的射击能力。他们清楚,他们的学生不仅会根据他们的品行来评判他们,还会根据他们展示出的专业技能来评判他们,技能水准反映了他们个人的信誉度。尽管成功领导者的一个标志是有能力借助他人的努力取得成功,但没有什么能取代其在所选择的领域展现高超技能的本领。一个有抱负的领导者应该不断地提高在与其角色相关领域内的个人表现水平。领导者需要让其试图激励的人们看到，只要遵从领导者的建议和范例，就会提高业绩和效率，进而有所回报。这是许多领导策略中一个至关重要但又常常被忽略的组成部分。让我们把注意力转向基于"阿尼玛特质"的领导力所涉及的一些关键核心要素。

谦逊

谦逊使伟人倍加可敬。

——本杰明·富兰克林

领导者都有责任勇敢地对其组织内部的错误发起挑战，而能否这样做则取决于领导者自身纠错的能力；这种能力的培养又需要极大的耐心和专注的努力。谦逊对大多数人来说不是天生的，但对一个领导者来说却是必不可少的。谦逊被许多人视为软弱的标志，但事实并非如此。一个真正谦逊的人，是对自己的能力有信心的人，同时也能让自我和欲望服从于手头的任务。一个谦逊的领导者寻求富有成效的自我批评，并对新思想保持开放的态度。谦逊让我们拥抱变革，与他人分享荣誉，从而创造一种氛围，促进开放的思想交流，鼓励创新。

如果没有强烈的谦逊意识，我们很容易认为我们无所不知。毕竟，我已经被提拔为中士、上尉、少校等，这难道还不足以说明我理应是最优秀、最聪明的人吗？虽然大多数人都明白这种逻辑显然是愚蠢的，但世界各地那些拥有职位权威的人每天却在潜意识地践行这一理念。如果我们不能培养一种谦逊的意识，我们就会固执地为自己的思想辩护。我们的思想，本应只是帮助我们实现目标的工具，如今却变成了我们的身份。基于个人偏好（或自我欺骗）所产生的封闭观点，使我们对其他观点视而不见。

回想一下缺乏谦逊的做法是如何困扰我们的个人生活的。为了证明自己是正确的，无论事情大小，我们都要与家人或亲人"争个高低"。有时我们还会竭尽全力地去证明另一个错误，以增强我们自己的自我价值感，但同时也损害了我们最看重的人际关系。当我们把偏好问题误解为原则问题时，就会发生这种争执。然而，什么才是真正重要的？是在一个小时之后就不再重要的琐事争吵中"取胜"呢，还是通过理解和重视不同的观点来努力加强关系？答案是显而易见的；然而，常识通常却并不常见。

同样的情况也发生在那些不鼓励围绕自己的决定进行公开、诚实讨论的领导者的职业生涯中。这种以自我为中心的方法不仅会扼杀创造力，而且还会导致整个团队变得"沉闷寡言"。谦逊能提高人际关系的质量，并鼓励以开放的态度来解决问题。团队中最聪明的成员可能并未占据一官半职。

关于谦逊，领导力作家兼执行教练布鲁娜·马丁努齐是这样说的：

> 我们常常把谦逊与胆怯混为一谈。谦逊是……傲慢的对立面。……它是让别人发现我们的才能而无须自夸的满足感。这是在追求成功的过程中傲慢的缺失，而不是进取心的缺失。[①]

有些人觉得需要胁迫他人以采纳自己的观点，这种迫切的需要根植于深深的不安全感和怯懦感。强大的、以原则为中心的"阿尼玛"可以提振自信，缺乏自信会导致围绕重要目标的合作和创造性的努力受到抑制。谦逊对于追求强大内在动力的领导者来说是必不可少的，并为领导者自己和他人提供了个人成长及职业发展的机会。

信誉

> 你越愿意为自己的行为承担责任，你的信誉度就越高。
>
> ——布莱恩·科斯洛

高效的领导者必须能够兑现其承诺。如果领导者缺乏可信度，那么即便是最周密的影响策略也会遭遇惨败。设想一下，在社区会议上，一名警官鼓励社区成员团结起来，共同打击社区内的犯罪活动。这名警官必须首先确保自己团队的成员具有保护社区成员免受犯罪分子报复的技能、专业知识和意愿。如果人们对领导者兑现承诺的能力没有信心，那么领导者几乎不可能实现持久的变革。

如果一位领导者建立了良好的信誉，那么他在报告中所传递的信息会促使人

---

① 布鲁娜·马丁努齐，《思维工具》，2006 年，http://www. Mind Tools. com/pages/article/newLDR_69. htm。

们做出自发而又充满自信的决定,这些决定的做出便是基于对领导者良好品格的信任。为此,对于领导者而言,拥有能让他人考虑另一种观点的影响力是必不可少的。良好的信誉度有助于创造一个环境,在此环境中,其他人可以对不同的观点持开放的态度(请参阅第四章中的盲目、预设的思维图式问题)。有些领导者认为,如果他们的决定与组织的基本使命一致,并且植根于崇高的核心价值观,那么他们所做报告的对象就会自动倾向于从表面上接受这些决定。而现实情况则是,我们每个人都将自己独特的观点带入我们所做的每次观察和评论中。首先,领导者必须确信其行动计划与组织的核心价值观和基本使命相一致。其次,领导者有责任维护一个交流环境,允许其他人考虑采用该计划的优点是什么。领导者的信誉度越高,就越有可能影响其他人。一位领导者所拥有的信誉度通常预示着其他人对他的信任度。

一位领导者所获取的可信度与他承担责任的意愿成正比。当我愿意为一个问题承担责任时,我对有效应对问题的可能性持开放态度。如果我拒绝"承担责任",那么我就没有应对问题的可能性。当我把责任归咎于超出我控制范围的外部因素时,我实际上把自己变成了无效之人,甚至完全是无用之人。

最近,我(Chip)和我的小儿子布兰登讨论过这个问题,他刚满 16 岁,急于买车。他在当地一家餐馆找到了第一份工作。在上学期间,他的工作有时需要晚上加班。刚开始工作不久,他一周内两次上学迟到。我的妻子克丽丝塔和他谈了这个问题,提醒他处理好工作与学习的关系是他自己的责任。布兰登立即把他迟到的事实归咎于闹钟。他抱怨说,他每天晚上都会设置闹钟,但有时闹钟会不响。克丽丝塔告诫他,把问题归咎于闹钟(一个外部因素),他不仅是在逃避责任,而且根本问题也无法得以解决(他没有在计划中安排适当的休息时间)。

布兰登向我们保证,罪魁祸首就是闹钟。为了避免伤害我们之间的关系,同时也给他一个学习的机会,我们一起去了商店,他买了一个新闹钟。他给闹钟换上了新电池,并进行了几次测试。当他确信新闹钟运行正常后,他就去上班了。那天晚上他工作到很晚,直到午夜才上床睡觉。第二天早上他上学又迟到了两个小时,我正好在厨房。他看着我说:"爸爸,我知道你要说什么,但这次我有一个很好的理由。为保证一定能听到铃声,我把新闹钟放到了床上。所以一定是夜里碰到了什么，导致闹铃关闭了。"

　　当我们逃避承担责任时，我们大多数人都会避开布兰登没有看到的东西。诚然，许多外部因素会影响我们，但把失败归咎于这些外部因素会阻碍我们找到问题的根源。我们所有决策和行动的共同点是我们正参与其中。如果我们没有在此过程中承担起失败的个人责任，那么我们就把自己当成了环境的受害者，并因此而损害了我们的信誉。建立信誉最可靠的方法之一就是寻找机会承担责任，并帮助纠正错误。"当你扮演领导者的角色时，你会掌控自己的生活；这会自然而然地影响和激励你周围的人。而把你生活的掌控权让给外部环境、局势和文化时，情况则恰恰相反。"①信誉度取决于灵活应变的能力。

灵活性

　　　　坚守自己的决定，但方法要灵活。

——汤姆·罗宾斯

　　变化是不可避免的，而且每天都在我们周围发生。我们本能并自然地尝试降低一项工作的复杂性，以使其适应我们根据对事物存在方式的预设和图式而设定的框架。从长远来看，这反而会增加事物复杂性，因此产生相反的效果。基于"阿尼玛特质"的领导者明白，有必要放下这些先入为主的观念，以开放的心态看待不同的观点。这使得人们可以对任务中不断变化的挑战和变量保持开放的态度。有人说，当你无法改变环境时，你只能被迫改变自己。

　　执法这一行业正变得日益复杂。领导者需要不断地挑战自己的预设，并学会考虑不同的观点。如果做不到这一点，其对社区现状与真实需求的理解，以及主动并妥善处理事件的能力就会受到极大的限制。领导者在解决问题和分配机构资源方面必须灵活应变。一个性格坚强的人是有原则性的，但是也不尽然。一个强有力的领导者必须忠实于个人和组织的价值观，但同时也要对新思想持开放的态度，并能够适应不断变化的现实。正如通过伸展练习可以增加关节的灵活性一样，通过扩展思想容纳其他观点，可以提高领导的灵活性，这不仅

---

① 马克·桑伯恩，《成为领导者不需要头衔》，科罗拉多州博尔德：沃特·布鲁克出版社，2006年，第33页。

可以改善我们的思维，而且还可以引导我们找到非常规但行之有效的解决方案。

僵化的思维模式是一种自我限制和自我欺骗。在处理我们熟悉的问题时，它会让我们盲目自信；而在面对模棱两可的挑战时，它却让我们不知所措。试想一下警察使用武力这一被广泛误解的话题。致使警察正当使用武力的诱因随情况而变，并在很大程度上取决于环境和其他变量。使用武力可能是执法这一难以把握行业中最模糊的领域。这些需考虑的因素给管理者带来挑战和困惑。大多数机构都有使用武力的相关政策，其中许多政策利用复杂的表格、模型或图例进行补充说明，试图教育执法人员采取平衡的办法，以应对抵抗或挑衅。

"各种警械使用"规定的目的是帮助培训人员讲授与正当性有关的概念，因为使用武力涉及正当性。这些警械使用规定的目的不是给正当性下定义，若以此为准而使用武力则是危险的。使用武力本身具有很多不确定性，遗憾的是，许多监管人员在面对这种不确定性时，却依靠这些规定来作为评判警察行为正当与否的标准。采取这种做法的监管人员并非失去理智，他们只是不具备灵活思维的能力或没有经过提升灵活思维能力的培训。在关键分析过程中的刻板最终会导致决策过程的彻底崩溃。不依据环境因素分析武力使用的正当与否会导致如下一些结果：

- 无法保障的纪律

- 士气的低下

- 在应对紧张、不确定和迅速变化的情况时，警察们会突然表现出不合时宜的犹豫

能从容且灵活应对情况不明的局势和挑战是基于"阿尼玛特质"领导能力的必然结果。最重要的是，领导者要运用睿智的判断力对在迅速变化的情况下所做出的决定进行评判。我们不断地挑战自我，以创新的方式来发现问题并探索新的解决方案，从而增强我们的灵活性。在不确定的环境中面对机遇和挑战时，领导者会利用创造力来寻求非常规的解决方案："有创造力的人是一个会仔细思考可能出现的问题并做好准备应对复杂情况的冒险家。领导者会从失败中吸取教训，

并试图理解导致一个人犯错的体系，而不是寻找替罪羊。"①

沟通技巧

> 沟通中最大的问题是预先产生的错觉。
>
> ——乔治·萧伯纳

当新警入校时，他们面临着一份令人生畏的课程清单，为了获取保护和服务社区的权利，他们必须掌握这份清单上的所有课程。新警们接受从宪法到逮捕机制、从写报告到使用手铐、从巡逻程序到文化多样性培训等方面的指导。在这一长串的培训方案中，最大的差距之一就是沟通技巧。不要误解我的意思：有很多课程都被贴上了"战术沟通"的标签，但大多数课程只关注沟通过程的一方面——将你的观点传达给对方。为了进行真正的交流，对话双方都必须彼此能够相互理解。这就需要一个沟通机制，该机制的前提是将对方视为真正的人，而不是服务需求电话或每周例会上所讨论的物件。

事实上，交流领域中的大多数问题并不是由参与者缺乏欲望造成的。几乎每个人都认同，所有的关系，无论是工作关系还是个人关系，都会因为人际关系的改善而得以强化。大多数人都希望自己能善于与他人交流思想和想法；他们只是缺乏进行沟通的技能。我们所有人都参加了旨在指导我们如何就国内热点进行辩论的课程，但有多少警察接受过有助于他们关于诚实问题与上级进行沟通的培训呢？

堪萨斯市警察局下属的堪萨斯警察领导学院在沟通培训中采用了 CLEAR②模式。虽然大多数模式都侧重于向他人推销某个建议或行为，但 CLEAR 模式植根于这样一种理念：与你交谈的人有着与你同样重要的想法和动机，在你能够用自己的信息内容影响他人之前，你必须先理解这些人的想法和动机。这种勇敢的交流模式的目的是建立一种根植于诚信的既有原则性又不乏合作的关系。

领导者必须与直接下属分享有关组织的信息。将信息传达给你所领导的人

---

① 唐纳德·J·帕尔米萨诺，《论成功领导力的基本原则》，纽约：Skyhorse，2008 年，第 118 页。
② 格斯·李和黛安·李，《勇气：领导力的支柱》，2006 年。

是展示你关心和信任下属最可靠的方式之一。我的做法是尽可能多地与向我汇报的人分享信息。当有人给我发电子邮件,告诉我一个可能会影响到我们小队的决定或政策建议时,我总是尽量征求大家的意见。我的小队每天执行高风险的搜查令。我们一起进出一辆大型客货两用车,这辆车经过了改装,专门为我们的工作添加了一些必要设备。你可以想象,7个小伙子携带70磅重的装备从客货两用车上跳上跳下,肯定会对车辆造成大量磨损。韦德上尉,我们总队的指挥官,最近花了很大的力气争取了一辆新的客货两用车以替换我们现在使用的那辆改装车,因为那辆车太旧了,维修起来简直就像做噩梦。当新客货两用车到达维修厂时,我接到了车队主管经理的电话。他希望我能到维修厂去,指导维修工如何给这辆新车装配设备。在我们的警队文化中,主管经常会做出类似的决定。当我和我的整个团队一起出现在维修厂时,维修厂的负责人非常惊讶。团队成员花了近一个小时的时间从新车里爬进爬出,各种意见不停地碰撞而出,而车队工作人员则一边记录一边努力跟上小伙子们跳跃的思路。我也发表了自己的想法和意见;然而,在离开车库之前,我的意见才被纳入最后的改装计划,只有一条:就是我们应该保持新车原有的黑色。当我回想起我们花在设计新车布局上的时间时,我意识到,即使给我一周的时间来做这件事,我自己也不可能想出这么多的好主意。开诚布公地沟通是最大限度地激发他人创造力的关键因素。

开诚布公地进行沟通说明你不仅关心"你的员工"的福祉,而且还相信他们能够理解你的想法并据此采取行动。当我用"你的员工"这个词时,我并不是要暗示他们以某种方式属于你。相反,作为一个领导者,你要对他们负责,以取得与重要核心价值观和组织优先事项高度一致的结果。沟通、信任和责任是组织的生命线。当领导者认真倾听他人的意见时,他们传递出这样一个信息:所有的观点都是有价值的。这种做法能鼓励每个人为组织的成功而付出更多的努力。记住:一个人一旦感觉自己被对方理解,他自然会受到对方所传递信息的影响。

信任

> 在小事上不讲真话的人，在大事上则不可信。

——艾尔伯特·爱因斯坦

信任对于任何想要影响和激励他人的领导者来说都是必要的。赢得信任很难，但毁掉信任却轻而易举。对任何团队来说，信任的培养都不是一个简单的过程，必须由内而外逐步扩展。团队信任培养始于斯蒂芬·R·科维所称的"自我信任"的培养，斯蒂芬·R·科维是撰写有关领导力的作家，也是著名作家斯蒂芬·R·科维之子。"自我信任指的是我们对自己的信心——我们有能力设定并实现目标，有能力信守承诺，有能力说话算数——同时我们也有能力激发他人对我们的信任。"①我们必须先做出并信守对自己的承诺，然后才能履行对我们所服务的民众做出的承诺。能够信任自己是基于"阿尼玛特质"领导力的基本组成部分。当你确信你能够对自己做出承诺并信守承诺时，将有助于提高你督促他人为正确的事情负责的能力。毕竟，如果你自己都不相信自己，又怎么能指望别人信任你呢？

信任是团队合作的基础，而执法工作绝对是团队行动。当团队明白领导者会坚守到底履行其承诺时，信任就会增加，忠诚也会成倍增加。虽然建立和加强信任的机会可能会自然出现，然而仅靠等待机会是远远不够的。领导者必须寻找机会增强团队对你的信任，尤其是要积极寻找能展示自己品质并让他人信服的机会；比如说，主动查找是否有影响团队成员福祉和士气的问题，然后公开地解决这些问题。如果一项政策或程序已经过时，不再实用，或者负担过重，那么在它成为可能损害组织信任的争论点之前，努力修改或废除它。当有人接近你说别人的闲话时，利用这个机会站出来支持那些不在场的人。这样做不仅传递了你内在品格的有利信息，而且还有助于增进信任。一个寻求建立信任的领导者必须使自己对组织的规则和期望负责。一个好的领导者必须能够成为一个好的追随者。

设想一下，一位中士从他的上尉那里接到了一个不受欢迎的命令，他知道这

---

① 斯蒂芬·R·科维，《信任的速度：一件能改变一切的事情》，纽约：自由出版社，2006 年。

个命令会遭到下级军官的不满。此外，就个人喜好来说，他也不赞成这个命令。所以当他向他的部门宣布这一命令时，他说了"上尉说我们必须遵守这条新命令，但我认为这样做是不对的，因此我们不打算执行"等诸如此类的话。中士可能会认为，他无视上尉的命令只是出于实际考虑并为部下着想，但这种消极的态度反而削弱了从上到下对他的信任。总有一天，中士会转身发现：他的直接下属没有按照他的要求去做，因为下属认为他的要求没有根据。毫无戒心的中士很可能想知道，自己的下属怎么会有"不服从命令是可以接受的"这样的想法呢？但他却没有意识到：正是他自己为下属树立了这种行为的榜样。建立信任的一个有用方法就是遵守规则，并对自己的行为负责。

一个渴望建立信任的领导者能够公开与他人分享荣誉。其理念就是，这种方式可以让更多的认可和好评得以传播，而通过慷慨地与他人分享则传递出你珍视他人努力的信息。

有些人认为，他们必须尽可能多地收藏荣誉，因为可供利用的荣誉只有这么多。专门研究领导力的顶级人物斯蒂芬·R·科维将这种思维方式称为"稀缺心态"。患有稀缺心态的人很难让别人得到赞扬或认可，而且常常对那些成功人士心怀怨恨。科维提倡领导者追求他所说的"富足心态"，这种富足心态"源于内在的个人价值感和安全感。这是一种范式，即有足够的资源和足够的空间留给每一个人。这种范式导致了荣誉、认可、利益和决策的共享，并打开了可能性、可选性、变通性和创造力的空间"。[①]

有些领导者通过实施高效的"管理"模式，却在无形中破坏了信任。许多部门采用的员工绩效考评流程就是一个例子。在我们的机构里，员工每年要接受两次正式的考评。他们首先会经历一次中期考评，这是对他们工作表现的一次总结；6个月后还会对他们进行一次年度考评。年度考评的权重最高，他们的薪水增长与否就取决于他们的年度考评是否令人满意。这一过程本身可以帮助监管者管理绩效，然而却并不能激励员工做最好的自己，还会在不知不觉间破坏信任。该制度规定，关于考核问题，主管人员每年至少应与其下属交谈两次。但意想不到的结果是，员工要等几个月以后才能得到有关其工作绩效的关键性反馈。员工考评

---

① 斯蒂芬·R·科维，《高效人士的7个习惯：改变个人的强大教训》，纽约：费尔塞德出版社，1990年。

应该是动态的、灵活的和持续的。希望建立信任的领导者必须每天提供反馈意见，与员工经常进行简短的、非正式的会议和对话。人们希望了解自己的工作情况，定期提供意见可以帮助他们设定目标，从而达到组织要求。经常与员工打成一片的领导者会发现：他们有很多机会与员工沟通、交流和互相学习，这将有助于双方共同进步。如果以一种激发信任的方式实施，那么任何评估体系都应包含员工同样可以对其领导进行考核的机制。除了从其所服务的员工那里得到反馈和建议外，还有什么更好的方法可以帮助领导者专注于为他人服务呢？

信任是成功的基石。它是任何组织、关系和家庭命脉中的一个关键组成部分。在像执法这样一个相互依存的行业中，信任对实现机构的基本使命至关重要。建立、扩大和赢得信任的责任落在领导者身上。《最大的成就》一书的作者布莱恩·特雷西（Brian Tracy）就曾写道："维系所有关系（包括领导者和被领导者之间的关系）的黏合剂就是信任，而信任是建立在正直基础之上的。"①

自制力

> 人心的任何邪恶倾向都可以被自制力所降服。
>
> ——塞内卡

要想获得能够影响一个人终生的某种品格，就需要有很强的自制力。做到这一点并非易事。自制力并不是一个人与生俱有的；它必须作为我们内在品质的焦点而加以培养，以便对我们的外在行为进行批判性观察。一个寻求发展自己品格的人必须摆脱当下的一种观念，即尽量避免冲突。实际上，冲突有助于建立强有力的个人价值观体系。

自律是品格塑造过程中的重要组成部分。一个想要激励其追随者的领导者，必须首先证明自己有发挥强大领导角色特质的能力。自律是通过对自己做出承诺并兑现承诺而逐步培养出来的。一旦你能证明自己始终保持言行一致，那么你已经开始为那些你想要影响和激励的人树立起他们所期望的行为榜样。如果参加一门关于健康饮食的课程，却发现老师因为糟糕的饮食习惯而非常肥胖，你能

---

① 布莱恩·特雷西，《最大的成就：开启你成功潜能的策略和技能》，纽约：西蒙与舒斯特出版社，1995年。

否想象这是一种什么样的情形呢？如果一个家长一天抽三包烟，却因十几岁的孩子点了一支烟而惩罚孩子，那结果又会怎么样呢？同样的虚伪也存在于一个对下属要求甚多而对自己却无任何要求的领导者身上。

当我们为自己设定崇高的目标时，这些目标往往带有抽象感。我们会说"我想成为一个更好的领导者"，或者"我想使自己的状态变得更好"。希望在这些至关重要的方面有所改进并没有什么本质上的错误；但是，我们需要确定一些关键性的行为，因为这些行为有助于我们走向变革的顶峰。进入更好的状态是一个概念，而不是一种行为。这种状态是为追求理想而做的一些或许多事情所带来的结果。在开始和结束之间需要花费很多时间进行有针对性的行为调整。这就需要自制力。自制力就是在你新的一天开始工作之前，从床上爬起来并进行锻炼时所需要的精神力量。它使我们能够识别并坚持那些能够引导我们实现目标的关键行为。自制力为我们提供了实践行为策略的机会，这些策略是持久变革的基础。自制力也是许多最周密计划中所缺少的行动组成部分。在为一个想法、目标或追求而积极行动、不断努力的过程中，如果没有自制力的参与，就等同于试图运行一辆高性能的汽车，而不给油箱加油。自律是通过实践培养出来的。当你在自制力和坚持变革方面帮助和引导他人之时，也是你践行自律之时。通过严格的自律，领导者培养了领导他人所需要的信心。大多数领导力的失败，是源于领导者自身的言行不一，而非施加于他身上的外部因素。只要我们言行一致，信守承诺，自律之墙也会随之变得更加坚固。

知识

> 真正的知识在于知道你一无所知。
>
> ——苏格拉底

一个有抱负的领导者必须致力于终身学习。如果你在学习上停滞不前，那么只需要短短几年的时间，你可能就在相关的领域变得一无所知。尽管许多人认为学习应该是有始有终的，但具有强大"阿尼玛特质"的领导者知道，学习应该是终身的追求，这种追求使他能够不断地重新评估和重新检验自己所达阶段的方方面面。

约翰·科特(John Kotter)在他的开创性著作《引领变革》中确定了五种支持终身学习的重要心理习惯:

- 冒险:愿意将自己推出舒适区
- 谦卑的自我反省:对成功和失败,尤其是对失败的诚实评估
- 征求意见:积极收集他人的信息和想法
- 仔细聆听:倾听他人讲话的习性
- 对新思想持开放态度:愿意以开放的心态看待生活①

当你仔细阅读这些习惯时,请注意,要发展和培养这些习惯需要极大的自信和心智的成熟。喜欢冒险的人需要习惯于这样一种观念:并非所有的冒险都以成功而告终。一个致力于终身学习的领导者必须正视这样一个事实:失败是创造过程中必不可少的一部分。挫折不仅应该是预料之中的,而且也应该被视为一种机会来发展你的"阿尼玛特质",以极大地提高你所能取得的成果水平,认识错误并从中吸取最好的教训。我们已经讨论过谦逊在领导过程中的重要作用。如果不能诚实地反思过去的成功和失败,学习就变得不可能。我们自欺欺人的天性往往会让我们为自己的错误寻找借口,这样便极大地扼杀了促进知识真正增长所必需的反馈循环。同样的自欺欺人还使我们高估了自己对成功的贡献,而实际上却忽视了周围人的努力。如果我们拥有良好的"阿尼玛特质",我们就能够容忍他人的意见,而且还能够从不同的角度寻找突破口。我们能够尊重并考虑不同的意见。这样的领导者实际上会非常重视那些与自己观点相抵触的意见,因为他认识到,若能走出自我设定的思维界限,就会释放出巨大的潜力。当我们怀着理解他人的意图去倾听,而不是带着让自己被理解的意图去倾听时,我们就会敞开心扉,接受那些因我们自己的短视而无法触及的观点。产生伟大创新的新思想往往来自那些最不可能的源头,领导者必须以开放的心态武装自己,只有这样,那些最好的思想才不会从他的脑海中溜走。这是终身学习的基础。

关于以"阿尼玛特质"为基础的领导力,最后要说一句:它不适合意志薄弱的人。当我和杰克刚开始与管理者们谈论无条件的尊重时,他们总是会把这个概念

---

① 约翰·科特,《引领变革》,波士顿:哈佛商业出版社,1996年。

与软弱的行为联系起来。没有什么比这种联系更离谱。为了无条件地尊重他人，你必须首先拥有坚强的意志。这也意味着你必须在警务工作的各个领域不断地培养正确的态度、必要的知识和技能。如果没有过硬的本领，你很可能会被恐惧所压倒。试想一下人类在恐惧或压力之下的五种本能反应。这些反应不是后天习得的；它们在出生时就已预先加载到我们各自的硬件中。这五种本能反应就是反抗、逃跑、吓呆、屈从和故作姿态。我们花了无数个小时试图通过适当的培训和激励来克服和替代这些本能反应，因为对于警察而言，这些反应是不可接受的。规则经常告诉我们什么时候可以反抗。对于负责保护他人的警察来说，逃跑、吓呆和屈从无论是从文化上或是在实践中都是不可接受的选择。对于一个没有做好准备、没有经过适当训练和技能培训的领导者来说，唯一的本能选择就是故作姿态，这仅仅意味着"装出"强硬和有能力的样子，以试图掩盖你的恐惧，并威吓他人让步。这种姿态经常出现在街上巡逻的警察身上，他们会对其监视对象大喊大叫，大声咒骂。那些动辄对下属感到沮丧并且直接发火（通常是以隐蔽的威胁形式）的领导者同样表现出这种姿态。简单的事实就是，为了无条件地尊重他人，领导者必须拥有真正的同情心，而且无论是体力上或是精神上，都必须有能力在需要保护自己或捍卫他人时勇敢反击。你必须坚强且有能力，否则在面对领导决策时，你可能会出现"本能"反应，而不管这些决策是发生在战斗中还是在人事咨询会议上。对所有领导者来说，这既是基于"阿尼玛特质"领导力的基础，也是向我们的组织和社区发挥无条件尊重力量的基础。

第六章　你让我反感！但这有关系吗？

嘴巴也许会说谎，好吧，但是由嘴巴组成的脸却会告诉真相。

——弗里德里希·尼采①

执法部门自身那些令人欣慰和沉醉的民间传说是否会无意中滋生其对社区的傲慢和厌恶态度？无论执法人员如何摆出专业的形象，如何使用专业的语言，这种傲慢和厌恶态度都会传染给他人吗？若我们的社区成员在与执法人员打交道时感受到了这种傲慢和厌恶，他们是否会自然而然地产生敌意和怨恨呢？这种敌意和怨恨是否会因社区成员间的沟通和交流而相互传播呢？社区成员们的这些感受是否会影响到下一次与执法部门的接触，是否会因下一位警察的傲慢和轻视而进一步强化了这些感受？这是否形成了一个恶性循环，无情地在有意识思维的表面下运行？而这个循环是否会助长执法人员和社区成员之间彼此的敌对态度、言语和行为？这些敌对的态度又是否会因互相推诿而不断增强呢？这个循环是否真的会招致彼此都说讨厌对方的态度和行为呢？这种带有"站队"性质的自我延续过程是否创设了一种环境，不断阻碍执法的最基本任务？即使上述任何一个问题的答案都是"会"的可能性微乎其微，执法部门是否也应该谨慎行事，做出

---

① 弗里德里希·尼采，"嘴巴也许会说谎，好吧，但是……"引自罗伯特·安德鲁斯、玛丽·比格斯和迈克尔·塞德尔主编的《哥伦比亚语录世界》(*The Columbia World of Quotations*)，纽约：哥伦比亚大学出版社，2006 年；也可在 eNotes. com 上找到。2006 年，http://www. enotes. com/名人名言/the-mouth-may-lie-okay-but-the-face-it-makes(2008 年 11 月 6 日访问)。

必要的改变,打破这一恶性循环呢?(请参阅图 1.1"一连串的危险",并简单地插入上面所提到的危险)

羊、牧羊犬、狼和牧羊人

> 忘记自己的目标是最常见的愚蠢行为。[①]
>
> ——弗里德里希·尼采

关于警察及其在社区中的角色,有许多哲学思考和对话。其中一篇由退役陆军中校戴夫·格罗斯曼(Dave Grossman)所写的文章中有这样一幅插图:警察被描绘成牧羊犬,而公众则被描绘成绵羊。[②] 虽然格罗斯曼的文章鼓舞人心,本身也没有问题,但我总能感觉到从其文章中衍生出来的令人费解的逻辑。这种令人费解的逻辑在漫不经心间解释了执法部门和社区成员之间"天生"的紧张关系。我并不是说这幅绵羊-牧羊犬的插图是我所发现的问题的原因。我只是想说明它是如何像其他许多概念一样,被卷入自我欺骗的思维旋涡之中。

乍一看,对警察来说似乎很明显:羊是无助和毫无头绪的。他们一般不会使用暴力。对羊来说,只存在两种情况:要么安静地吃草,要么惊跑乱窜,互相踩踏。因此,为了他们自己的好处,牧羊犬必须对他们咆哮、撕咬、狂吠和驱赶。羊群不喜欢这种恶毒的对待方式,也不喜欢牧羊犬,而且羊群越是抗拒牧羊犬,牧羊犬越是责无旁贷地跳得更高、吠得更响、咬得更狠,直到愚笨的羊群有所反应。牧羊犬越是恐吓绵羊,绵羊就越不喜欢牧羊犬……直到狼来了。然后所有的羊都试图躲到他们一直讨厌的那只牧羊犬后面。可以说,本书前两章引用的研究和例子打破了大多数人没有暴力能力这一观念。现实情况是,只要有适当的社会环境,几乎任何人都会对他人使用甚至是不正当的暴力,并为此找到完全正当的理由。显然,在紧急情况下,比如面对一个无特定目标的随机犯罪射手,形势非常危急、紧张、不确定且变幻莫测。如果没有适当的思维定式发展和训练以建立战术意识和

[①] http://www.quotationspage.com/quote/9310.html(2008 年 11 月 6 日访问)。

[②] 戴维·格罗斯曼中校(已退役),《论羊、狼和牧羊犬》,http://mwk-works.com/onsheepwolvesandsheep-dogs.html(2008 年 10 月 28 日访问)。格罗斯曼还著有《论杀戮:战争与社会中学会杀戮的心理成本》,波士顿:后海湾出版社,1996 年。

应对措施,几乎所有人——包括执法人员和军事人员——都会在极端胁迫下做出适得其反的行为(请参阅第四章关于培训的意外结果和加州纽霍尔事件的讨论)。①

采取这样的预设会带来意想不到的后果(即大多数人都是绵羊,没有暴力能力,必须被强行驱赶才得以保护),这种后果至少有两种潜在的危险。

首先,假设人们在暴力事件发生时只会静止不动,或惊慌乱跑,那么执法人员在暴力发生前所进行的认知和培训课程中向人们展示的选择就非常有限。这就好比消防队员告诉大楼里的住户:"如果大楼着火了,我们可不希望你们这些蠢笨的羊群惊慌乱跑,互相踩踏——所以,把自己锁在一个房间里,等'专业人士'来营救你。"通常,社区执法互动培训教官就是这样告诫人们:在应对犯罪射手时,"将自己锁到房间里,等待专业人员的救援。"想象一下,如果人们真的只是坐在房间里,一动不动,等待"专业"的警察或消防队员出现并营救他们,那将是怎样的屠杀场面。事实上,你根本不必去想象,只要读读报纸,就可以了解人们是怎样呆呆地坐在椅子上,或爬到桌子底下躲避一个犯罪射手的屠杀。而"犯罪射手"则平静地从一个人面前走到另一个人面前,轻蔑地打量着瑟瑟发抖的人质,冷酷地扣动扳机。之后重新装弹,走到下一个发抖的身躯面前,再次扣动扳机。一直以来,人们都在严格地按照警察的建议行事:除了等待专业人士,别无选择。在很多情况下,执法部门对"羊"在紧张局势下先天机能障碍的预设,导致了"牧羊犬"和"羊"误入歧途。(再次参阅图 1.1 中的"一连串的危险"说明;再次强调,只需插入新的危险即可)另一方面,也有"受害者"面对犯罪射手勇敢反抗,制止暴力的例子。这一点尤其重要,因为大多数枪击事件,往往在专业执法人员到达并进行部署之前几分钟之内就已结束。几个恐怖分子手持匕首就可以把一架满载乘客的商业飞机改装成载人导弹的想法已成过去。在"911 事件"中,当两架飞机撞击大楼时,传统的(来自执法部门的)明智做法:与劫机者合作,静坐,等飞机着陆后让专业人员处理。在前两架飞机撞击大楼后的几分钟内,另一架商业飞机上的"绵羊"则永远地

---

① 克里斯·B·汉金斯(Chris B. Hankins),"新范式:警察倾向于更强有力的武器和战斗生存的心理训练",刑事司法学院执法监督学院第 24 届会议,2004 年 11 月 8 日,http://www.cji.net/papers/HankinsChris.pdf。

改变了其生存规则。他们迫使劫机者把他们准备发射的导弹射向地面。为什么执法部门要保留这样一种预设,即让犯罪射手能够在似乎漫长无边的几分钟内肆无忌惮地大肆屠杀,直到专业人员到达为止?而这些预设往往会带来意想不到的后果。

其次,为什么执法部门经常会发现:在不情愿的公众面前,自己总是会扮演牧羊犬的角色?也许是因为执法部门对待公众的方式经常是大喊大叫和驱赶,而不是引导、推动和鼓励;也许是因为执法部门采取了一种简单的、以自我为中心的解决方式,以及已经过时的警务原则。也许本应该作为执法人员手中工具的东西,永远忠诚的牧羊犬,却变成了公众选择的永久形象(再次参阅图 1.1 中的"一连串的危险"说明)。把当前的犯罪射手训练作为一个典型或临时形象的例子,以下是我对目前堪萨斯市警察局犯罪射手训练的个人总结:

> 应该培训警察抛开旧的安全模式(采取隐蔽措施,像在科伦拜恩那样建立一个包围圈),而是带着枪进入大楼,并瞄准目标。警察应迅速向枪声靠近,并快速逼近枪手。警察毫不留情地向前推进,变换射击角度以消除威胁。如果一名警察倒下了,另一名警察立刻补位,这样的进攻方式有助于持续消除威胁。警察对逃跑的民众(甚至是受伤的民众)不予理睬,只把重点放在来自犯罪射手的威胁上。

很容易看出,在学校里的学生面前,警察展示了一个完全不同的形象,而不是典型的校园安全人员日常应该呈现的形象。在那紧张的几分钟时间里,警察必须变成一个无情的捕食者:快速移动,集中注意力,精神高度紧张。尽管这是针对此种情况唯一恰当的反应,但许多人似乎已经把本应是执法机构化身(一个常设实体的临时表现或方面)的东西①变成了执法机构永久的形象。在这里我应该指出,这种"常设实体的临时表现"依然深深植根于我们所倡导的"阿尼玛特质"中。对于一个旁观者来说,警察在那几分钟里的"表现"和"行为"则完全不同。如果旁观者不知道事情的背景(逼近一个正在屠杀无辜儿童的犯罪射手),那么他甚至会觉

---

① 《美国传统英语词典》,修订版第四版,纽约:霍顿·米夫林出版社,2003 年;参见 http://www.thefreedic-tionary.com/avatar(2008 年 11 月 28 日访问)。

得警察对其所看到的正在逃命或已受伤的学生视而不见是粗鲁或冷酷无情的。只有当时的环境才能决定一种行为是正义的还是丢脸的，对他人是尊重的还是不尊重的。对大多数脱离环境的行为是无法进行评估的。毫不留情地追击并射杀一个正在屠杀无辜儿童的犯罪射手，就是警察行为正当性的最有力支持。这种行为（就像每次警察使用武力一样）应当毫不迟疑，并且在执行过程中应尽可能地专业、干脆和熟练。

现在让我们回到眼前正在讨论的问题：让本应是"临时表现"的东西变成公众选择的永久形象。公众之所以选择这一形象，可能是因为：对警察来说，要培养植根于正直之中，以勇气为支撑且对所有人表现出无条件尊重的个人的"阿尼玛特质"是一项艰苦的工作，因此也就放弃了。

如果有人坚持牧羊这一主题，那么我会建议牧羊人而非牧羊犬的形象，尤其是善良的东方牧羊人，他温柔地照顾羊群，领导羊群，毫不犹豫地放弃自己的安危而不顾一切地保护羊群。

牧羊人的管理方式是如此有效以至于他或她不需要狂吠或撕咬；羊群能分辨出善良牧羊人的声音和呼唤，而且不管形势好坏都会紧随其后。

若以这种方式照顾羊群，那么实际上可以鼓励羊群成为自己队伍的"警察"，把长时间对狂吠的牧羊犬的关注转移到暴露他们队伍中的狼身上，这样就可以自己承担起安全的责任。这就是与社区合作的本质（我认为这是执法的基本使命）。一旦执法部门完成了它的基本使命，社区就能够与执法部门团结起来去完成他们共同的根本使命：让社区变得安全、和谐和繁荣。如果说这些原则和结果听起来似曾相识，那是因为它们与罗伯特·皮尔爵士（Sir Robert Peel）永恒的警务原则保持了一致。

密苏里州的堪萨斯市就是一个很好的例子。堪萨斯市的西区几十年来一直是一个充满活力的少数民族社区。但是在20世纪90年代至21世纪初，成百上千的无证移民涌进了堪萨斯市。这些人中的大多数在西区定居或活动。大量人群会聚集在西南大道和萨米特大街的拐角处，长期以来这个地方一直是临时工揽工的非正式聚集地。但由于十字路口有一家酒馆，招致聚集的人数翻了两番，导致这里成了滋生各种犯罪和问题的温床。传统的"零容忍"（咆哮、狂吠和撕咬）执法对策不仅无助于遏制令人不安的行为和犯罪,而且——因为羊群乱兜圈子、缩作一团并把注意力集中到了牧羊犬身上——使羊群中为数不多的狼有机会躲在羊圈里而大肆破坏。"零容忍"还激发了侵犯公民权利的投诉和社区领导人的愤怒抵制。实际情况是,放任自流招致了社区的不满,他们认为警察无视并"冷落"了他们。只有当执法部门不再扮演牧羊犬的角色,而是深入社区,真正听取所有利益相关者的观点(即建立伙伴关系)来理解这一问题时,才能找到持久的解决办法和有效的对策。结果,犯罪率下降了;有问题的无证人员得以查明并予以果断处理;羊群不再畏缩于咆哮的牧羊犬身后,而是主动监管自己的队伍;所有利益相关者的生活质量都得到了极大的改善。①

奥克塔维奥·维拉洛博斯警官在西区长大,现在是堪萨斯市的一名警官,在西区的社区行动中心工作。他对西区的社区行动中心(Community Action Center)有独特的看法:

> 我在西区长大。这个街区被西南大道分割开来成南北两个部分。在西南大道和萨米特大街的拐角处有一家被称为杂货店的酒馆。酒馆也是许多无证移民工人聚集的地方,他们在那里揽工(等活干)。当我还是个小男孩的时候,有一次到杂货店买东西。杂货店周围站着 50 多个人,有的在行乞,有的喝醉了。我记得当时很害怕,因为他们知道我身上有钱,可以进商店买食物。我每天都得穿过这道关卡才能到社区中心参加童子军或其他体育活动。我记得他们故意起哄,叫我妈妈。我至今还清楚地记得弥漫在那里的尿骚和粪便的臭味。当地商店的洗手间不允许他们使用,所以行人经常看到这些人蹲在建筑物后面或在户外大小便。由于环境脏乱差,当地许多餐馆和商店难以留住忠实的顾客。而犯罪分子却得以在这个群体中生存下来。打电话报警的业主受到了威胁。社区对警察没有信心,所以感到非常无助,只能忍气吞声。
>
> 我离开西区去参军。回来后最终搬出了西区。我成为一名警察,在西区

---

① 堪萨斯市(密苏里州)警察局长詹姆斯·科温,《揽工者:提高劳动者、雇主和邻居的生活质量》,《警察局长》第 73 卷第 4 期, 2006 年 4 月, http://www. policechiefmagazine. org/magazine/index. cfmDisplay&.articleid=862&.issue\\u id=42006(2008 年 11 月 1 日访问)。

社区行动中心提出"打工者倡议"后不久又回到了西区。几乎是在一瞬间，生意开始兴旺起来。新的商铺开张了，社区的第一家银行也破天荒地开业了。我唯一能做的就是感谢警官马修·托马西克(Matthew Tomasic)和琳达·卡伦(Linda Callon)(西区社区行动中心的民事主管)，因为我知道，母亲们及其孩子们不得不忍受的那种环境、那种气味、那种挑战的日子已经一去不复返了。社区通过其行动中心变成了警方的合作伙伴。在经过多年的不信任之后，公众对我们部门的信任又恢复了。像罗莎这样的老居民（见第91页维拉洛博斯警官写的第二篇报道）看到了他们的社区随着该地区犯罪的减少而繁荣起来。他们注意到了警察与社区的合作，并在工作的过程中富有包容性。警察也表现出对社区工作的兴趣和关心，以及对社区居民困难的同情。作为一名警察，我为我的同事们传递给我们社区的信息感到自豪。社区会不断提醒堪萨斯市警察局，暗示他们对警察部门缺乏拉丁裔代表的关注。社区行动中心工作人员的努力工作以及与社区合作的意愿有助于警察部门传递重要信息。任何人，不论其种族如何，只要愿意为社区付出，找到与之合作的方法，并以包容的方式处理社区问题，就能在社区取得成功。如果他或她愿意，每个人都有权力和能力传达他或她所关心的信息。

误入歧途

有一种真实的感觉，我们都像绵羊一样，很容易被我们的社会认同感误导（见第一章）。绵羊和牧羊犬的类比就是其中一个例子：

- 当执法人员被误导并被鼓励扮演咆哮且冷漠的牧羊犬角色时
- 当执法人员被麻醉到相信咆哮对社区造成的影响是社区的错，因为社区居民就像愚蠢的绵羊时

人们很容易得出这样的结论：许多执法人员为了一碗炖菜而放弃了他们作为监护人的高尚的天赋权利。这道炖菜里的"肉"迎合了一个人作为专制者最卑劣的本性，另外还含有一种让人陶醉的自我欺骗的味道，那就是把自己最无礼的行为所带来的后果归咎于别人。与此同时，执法部门正在放弃其基本使命——与我

85

们的社区结成伙伴关系——从而切断了与那些试图与执法部门合作的社区各阶层以及个人之间的联系。

自欺欺人的"脸"

还有许多其他的预设会导致执法部门建立错误的观念,并使我们误入歧途。比如,有一种误解,认为只要摆出一副专业的面孔,使用专业的语言,就可以随意对他人持不尊重的态度,或在内心瞧不起他人。目前的研究已经打破了这种有麻醉效果的神话:正如西尔文·S·汤姆金斯研究所执行主任、杰弗逊医学院精神病学和人类行为临床教授唐纳德·纳桑森博士在向全国反青少年暴力运动学术咨询委员会提交的报告中所解释的那样,"一般来说,情感(构成所有情绪的生理机制)在身体其他部位感受到之前就已经写在脸上了"。[①]换言之,在我们有意识地体验到自己的情绪之前,我们与他人打交道时所感受到的情感就已经在我们的脸上表现出来了。

- 事实:我们会不自觉地在脸上显示出厌恶和愤怒的表情。

纳桑森博士的研究成果为另一种学说提供了研究基础,两种研究的结果,含义非常相似。根据特里·华纳医生的说法:"通过怀疑、指责或恐惧地看待别人,我们会对自己产生怀疑、指责或恐惧……我们是什么样的人,与我们对周围世界的理解是分不开的。"[②]

重述自欺欺人的谎言和事实:

- 谎言:一个人可以对他人怀有厌恶或愤怒的内心态度,但却可以用专业的语言和行为有效地掩盖这种态度。
- 事实:内心中对他人的厌恶会立刻不自觉地浮现在脸上。

---

① "游戏的名称是耻辱",杰弗逊医学院向全国反青少年暴力运动学术咨询委员会提交的报告(2000 年 12 月首发,并将部分提交给了华盛顿特区的特勤局),2003 年 3 月,http://www. tomkins. org/PDF/library/articles/thenameofthegameisshame. pdf(2008 年 10 月 28 日访问查阅)。
② C. 特里·华纳,《让我们自由的纽带:缓和关系,回归自我》,犹他州盐湖城:影子山出版社,2001 年。

撕下自欺欺人的面具

"好吧，也许我们可以侥幸逃脱这种尴尬的处境；也许愚蠢的绵羊不会察觉到我们一闪而过的厌恶表情。"但正如我们上面所说的，研究结果完全反对这种一厢情愿的想法。在一般健康人的大脑中，有一个神经元饱和的特定区域被用来识别面孔和面部表情。① 进而，在探究"感知者识别愤怒、蔑视、厌恶、尴尬、恐惧、幸福、骄傲、悲伤、羞耻和惊讶等表情的速度有多快"这一问题时，发现"这两项研究一致表明，感知者可以快速而有效地……识别出大多数情感表达"。② 这篇题为"情感识别的自动性"的文章还指出，有令人信服的证据表明，情感表达在不同的文化中都得到了认可，并且人们会对潜意识的表达做出身体上的反应，而人们自身却没有意识到。③ 对执法部门来说，更糟的是，其他的研究也得出这样的结论：当我们与社会等级高于自己的人打交道时（比如与警官打交道的公民），我们的大脑会因解读、领会和应对他人而变得思维活跃。"观察一个社会等级高于自己的个体会不同程度地涉及知觉、注意、突出经验和认知系统。"④

除上述各点外，我还要补充：

• 事实：几乎每一个与执法部门打交道的人都是独一无二的，他们擅长解读包括愤怒和厌恶在内的许多面部表情。

自欺欺人的代价

假如你去咨询两个在起诉医生方面非常成功的律师，"你是如何选定你的目

---

① 南希·坎维谢尔、乔希·麦克德莫特和马文·M·春，"梭形面区：人类纹状体外侧皮质中专门用于面部感知的模块"，《神经科学杂志》17，第 11 期（1997 年 6 月 1 日）：4302 - 11，版权所有ⓒ 1997 神经科学学会，http://www.jneurosci.org/cgi/content/abstract/17/11/4302。

② J. L. 特蕾西和 R. W. 罗宾斯，"情感识别的自动化"，不列颠哥伦比亚大学心理学系，情感与自我实验室，http://ubc-emotion-lab.ca/wp-content/images/2008/02/ automatic-emo-2008. pdf（2009 年 9 月 9 日访问）。

③ J. L. 特蕾西和 R. W. 罗宾斯，"情感识别的自动化"。

④ 卡洛琳·津克、佟云霞、陈强、丹妮尔·巴塞特、杰森·斯坦和安德里亚·迈耶·林登伯格，《了解你的位置：人类社会等级的神经处理》，塞尔出版社，《神经元》（2008），第 1 页。

标的"或者"为什么会起诉医生",你会从他们两个那里得到一个明确的、毫不含糊的答案。这一答案应该会让执法部门中那些固守着之前所说的谎言(即一个人可以对他人怀有厌恶或愤怒的内在态度,但却可以用专业的语言和行动有效地掩盖这种态度)的人,以及那些未能完成与社区建立伙伴关系这一基本使命而深感内疚的人心惊。

人们不会起诉犯错误的医生。人们会起诉不仅犯错误而且还有以下"品质"的医生:

- 傲慢
- 居高临下
- 不尊重患者
- 不愿与患者建立良好的医患关系
- 不为其错误道歉①

这种情况适用于执法部门吗?

让我们从迪塔·雅各布斯中士的角度来考虑这个问题吧。她(截至 2009 年初)是堪萨斯市警察局内务部门的主管,监督和审查了 400 多起针对公民投诉的调查。

> 我(迪塔·雅各布斯中士)从 1986 年 2 月 10 日起就在这个部门工作。我从拘留所警察做起,1987 年 1 月 20 日进入警察学院,1987 年 6 月 14 日毕业。除城南巡警队、拘留所(干过两小时)、人事、财产物证、缉毒、内务等部门外,我在巡警队的每个部门都工作过。我在警局当了 16 年的中士。我被派往内务部工作了 3 年(2006 年 1 月至今)。我们的办公室平均每年收到 280—300 件的投诉,这些投诉都需要进行调查;我调查了其中的一半,因此 3 年内,我调查的公民投诉大约是 420—450 件。此外,在这期间我还处理了大约 24 项的内部调查。
>
> 在调查过程中,会听取投诉人的正式陈述,询问投诉人指认的所有证人,并

---

① 美国神经外科医生协会,"原告律师如何选择诉讼对象",AANS. org,http://www. AANS. org/library/Article. aspx? ArticleId＝10046(2008 年 11 月 1 日访问)。

在适当的情况下记录证词。侦探会在投诉涉及的区域内进行调查,以确认所投诉事件中是否还有其他的目击者,并查看是否可能存在来自商店内外监控摄像头等私人渠道的视频录像。侦探会采访那些可能了解情况的邻居和顾客,以确定谁可能提供更多的信息。就是在这一过程中,最常听到警察的粗鲁和无礼。很多时候,目击者会如实汇报涉事市民的不良行为和警察的专业反应;然而,也有一些时候,这些目击者会谈道,他们可以理解警察需要动手采取行动,但他们肯定不喜欢警察与嫌疑人/投诉人/民众交谈的方式。家庭成员对他们所爱的人的说话语气和行为举止特别敏感。

在某些情况下,投诉者不能确切地说出警察说了什么或是如何进行交流的,但他们却能感受到自己没有受到尊重。如果没有形象生动的视频,很难对当时警察说话所用的语气以及肢体语言记录建档,也很难对警察执法过程中所依赖和使用的语言以及肢体语言提出建议。公众很容易从警察的声音中捕捉到其语调的变化、蔑视和缺乏关心或关注,尤其是当公众在意这些变化的时候。如上所述,只要是合理的,许多被动的目击者接受警察需要动手而采取的行动,但这些目击者不会接受粗鲁或有辱人格的行为。如果警察在动手采取行动后,尊重那些被逮捕者,那么目击者通常会报告说被逮捕者罪有应得。但是,如果警察侮辱、嘲笑或对当事人很粗鲁,则得不到目击者的支持。

蒙面警察通常会遇到更多的冲突和抱怨。在整个进化过程中,人类原始的自我一直在训练如何去解读他人的肢体语言,以对彼此进行估量和评判,而这种估量和评判往往是下意识的。虽然我面带微笑且语言优美,但并不意味着我完全掩盖了对他人的蔑视,因为这种蔑视隐藏在我的眼神和语气中。

总而言之,我的经验确实支持这样一个前提,即在警察与公众的互动中,蔑视是不能被有效隐藏起来的。如果这一行为被录音或录像记录了下来,人们就会投诉警察行为粗鲁,比如,一个交警在执法结束后讽刺地说了句"祝你今天愉快"。公众对声音的变化和肢体语言难以进行描述,有时他们也不知道这种感觉究竟是什么,但他们知道自己受到了粗鲁对待。我还发现,轻视的态度会相互传染。当警察轻视或对公众居高临下时,公众会做出相应的反应。这种行为也会引发更多的第三方投诉。

关于本章有很多轶事。比方说,在书写这一章节时,我们在家里举行了一次聚会。当我们的交流转到了我认识的一位可爱的年轻母亲时,她告诉我,她(在另一个司法管辖区)被一名警察拦住并责骂后,委屈地哭了。当时浮现在我脑海中的画面是,愤怒的父母不加控制地责骂一个孩子,或者一个主人责骂一条狗。这让我想起有一次,我身穿制服,上夜班开车回家时曾被一名堪萨斯市警局的警察拦住。我不知道他叫什么名字,但我知道他已经退休很久了。我从后视镜里看着他解开左轮手枪套,把枪抽出一半,然后走近我的车。即便在看到我是他的同事并承认我没有违反任何交通法规之后,他依然开始责骂我,因为他觉得我从他身边驶过的方式是对他作为一名警官的身份的"不尊重"。我们用的短语是蔑视警察,很多对抗和令人质疑的逮捕都是因为这一"罪名"所导致。你可以想象我这个在市中心工作的年轻警察,会对这名经验丰富的郊区警察的责骂做出什么反应?若是三四年前,我还是个十八九岁的毛头小伙子时,这种情况会让我怒火中烧并对警察充满蔑视,一想到这儿,我就不寒而栗。与内在故意有关的自我应验过程是显而易见的,还是只有我是这样呢?我并不是在试图夸大事实;我只是想表达人们普遍忽视的局势的严重性和所涉及的长期成本。

诚然,如果能够合理地按规矩行事,警察很少会因为傲慢、无礼或粗鲁地对待社区成员而面临金钱损失甚至纪律处分。但这并不是我所指的成本。我所指的成本是,一般情况下,社区成员人数与值班警察人数之间的比例往往是千比一,而与社区合作的迫切需求显而易见,因此与社区每一个成员之间的每一次互动都必须被视为建立伙伴关系的良机。执法人员的傲慢、轻视和不尊重的态度毒害了与公众的互动,并在公众的心目中形成了掩蔽心理。这种掩蔽心理所带来的"自我应验"过程肯定并强化了对执法部门的蔑视态度。一般的观察告诉我们,人们会反复向他们认识的人和任何愿意倾听的人讲述同样的虐待故事——所以没有一件事是孤立地发生在所有公众认知之外的。下面,再讲述一个关于奥克塔维奥·比利亚洛博斯警官与西区社区行动中心一位叫罗莎女士合作的故事。

罗莎曾经是西区社区行动中心的志愿者,60多岁,是西区受人尊敬且有影响力的社区成员。在很长一段时间里,她并不信任警察,因为警察和西区社区居民之间曾有过不愉快的经历。波托·马西奇和他过去的合作伙伴恢复了罗莎对堪萨斯市警察的信任。她目睹了这些社区行动中心的工作人员是如何通过包容性的倡议和对社区成员明显的同情来解决她所在社区的问题的。后来，她开始抽出时间接听电话，并且做一些力所能及的事情来帮助社区行动中心，因为她相信社区行动中心工作人员的工作。工作人员对她的帮助表示感谢，并经常设法鼓励所有社区成员对犯罪情况积极报警。有一天，罗莎和一个邻居发生了冲突，对方持刀并对她表示敌意。罗莎用私人电话联系了社区行动中心工作人员。遗憾的是，她所联系的工作人员当天不上班，但这位工作人员鼓励罗莎联系警察，并向她保证，负责其所在社区治安的警察会做出反应并处理这一情况的。罗莎对与她不认识的警察打交道心存疑虑，但还是拨打了911报警。

警察一到现场，首先找到了嫌疑人，而嫌疑人却让警察相信并没有发生什么大事，罗莎只是个爱管闲事的老太太。当罗莎看到警察在外面时，她走出了屋子，试图告诉警察嫌疑人有凶器，并向警察解释是自己拨打的911。而警察却用"现场命令"的方式对罗莎大吼，让她回到自己屋里去。罗莎吓坏了，她告诉社区行动中心的工作人员，这名警察很吓人，根本不想了解她这边的情况。她还告诉工作人员，这是警方一贯的做法。她觉得自己很愚蠢，因为她自以为时代不同了，警察的做法也应该改变。这一事件之后，罗莎不再参与社区行动中心的活动，她告诉行动中心的工作人员，自己很难越过这道坎，她还没有做好信任警察的准备。她非常伤心和失望。虽然这名警察在执法中并未违反任何规定，但他的态度却给罗莎留下了这样的印象：警察并不在乎她，她的话对警察来说听不听都无所谓。罗莎马上猜疑：是不是因为她的长相和她所住的地方，导致了警察对她做出这样的举动。我曾多次目睹警察以这种方式对待受害者，几乎是无意识的，好像在说："你为什么烦我？住在这个地方是你的错。"

这样的例子我可以列举很多。巧合的是，就在今天，就在写这一章的时候，我偶然遇到一位50岁出头的男士，他一生都住在堪萨斯市。当他意识到我是一名警察时，便开始亲切地谈起他曾在另一个州当过警察的姐夫，以及他所认识的其他警察。他谈话时非常坦率，对警察抱有支持的态度。说到这里，我们的话题转到了一位约30年前因公殉职的警察。没想到他的脸色和态度立刻变了。他因紧张而面容紧绷,问我是否认识那个警察(我不认识),然后便开始对其进行长篇大论。他说当自己还是一个高中生的时候,那个警察在他居住的地区巡逻。他说那个警察很刻薄,爱出风头。他接着又讲了几分钟,用各种各样的脏话咒骂那个警察,甚至说当他听到那个警察被杀的信息时,他很高兴。

我向他解释说,在 20 世纪 60 年代末和 70 年代初,执法部门的许多人都有一种"我们——对抗——他们(公众)"的心态,因为伴随着内乱,文化也发生了巨大的转变。那位当事警察的举止和态度很可能是从他的一些同龄人甚至是他的培训教官身上"学到"的。随后,这位男士便开始为自己说一名已故警官的坏话表示歉意,并且显得有些懊悔(他看起来的确是一个善良体贴的人)。接着我告诉他,令人遗憾的是,当一名警察以粗暴的态度对待他人时,人们会把这种沮丧情绪带到与下一名警察的交往中。即使下一名警察并不倾向于采取粗鲁或粗暴的态度,但如果人们用与上一位警察打交道时产生的敌对态度与该警察对峙,那么该警察也会变得粗鲁或粗暴。打破这一恶性循环正是我在学院所教的内容之一。这位男士回答说,如果我们能教会警察打破这种循环,那么给警察局和社区带来的好处将是无法估量的。我当然赞同他的观点。他最后能产生这种想法不仅让人感到惊喜,而且对我们讨论的主题也有启发意义。它深刻地揭示了警察行为举止的力量,足以影响一个人在近 30 年后的内心态度。

对此,我不希望举太多的例子,仅以我父亲为例吧。大约 40 年前,我父亲从海军退役后不久就一直住在堪萨斯市。在我的记忆中,在过去的 40 年里,他大约每 10—15 年就有一次与警察正式接触的机会(通过去做某种类型的报告)。我父亲几乎向他认识的每个人都谈到过这些接触的好处。在他的儿子成为一名警察之前,这些接触就成了我父亲评价他所听到的每一个关于警察的故事或新闻报道的标准。仅有的这几次接触深深地影响了他有关警察的每一次谈话内容。我父亲总是利用一切机会支持警察。

播种与收获

我想,自从人类开始耕种以来,他们就一直在传授播种和收获的道理;其中蕴含着一个简单而深刻的原则,即种瓜得瓜、种豆得豆。

本书中对大脑——心智功能的最新研究进行了简要的总结，其研究结果同样支持这一原则（种瓜得瓜、种豆得豆）。随着社会研究的深入，这一原则也得到了不断强化和扩展。例如，"皮格马利翁效应"认为，我们对他人先入为主的观念决定了我们在他们的生活中播种了什么，而这又会对我们的收获产生极大的影响①。

这一原则在哲学研究中也得到了强化和扩展，套用阿宾格研究所的说法：每个人都有需求、恐惧、希望和担忧。当我忽视或轻视他人的需求、恐惧和担忧时，我就会把他们视为低等的对象，或者是物件。把另一个人视为低等的对象就是对他或她的人格实施暴力。毫无疑问，在交往中，我会流露出我的暴力倾向；毫无疑问，他人自然会察觉到我的暴力倾向并做出反应。对方的反应会让我产生更多的暴力，这种循环将持续侵蚀我们交往的质量和效果。②

《新约》非常重视播种和收获的原则（见哥林多后书9：6和加拉太书6：7—8），我们日常生活的经验也证明了这一原则的真实性。

那么，我们怎么会倾向于忽视或无视此类播种和收获在我们执法部门内部滋生和循环呢？当我们在组织内部和社区中收获了不信任、减少了合作并让缄默不断积累轮回时，我们通常又怎么会去设法责怪"另一方"呢？答案似乎很清楚，这是最简单、最自然的方法。为了证明自己的态度和行为是正确的而责备他人是一种简单而本能的行为。当别人对我的态度和行为做出反应时，他们的行为形成了一个自我实现的反馈循环，证明我最初的态度和行为是正确的（见第二章"倒混蛋理论"和解释）。另一方面，为了让社区能够非常忠实地支持和参与我们的工作，围绕在社区内灌输安全、保障和繁荣这一共同的基本使命而发挥其创意并采取果敢行动，执法人员必须做到以下几点：树立榜样，教育引导，并围绕个人"阿尼玛特质"，即对所有人以人相待、根植于正直、以勇气为支撑、无条件尊重所有人这一核心建立反馈和问责制度。无论是在个人还是在组织层面，都需要为之而不懈努力。如果我接受这种"阿尼玛特质"，那么我的态度、语言和行为都不能怪任何人，

---

① 罗伯特·罗森塔尔和莱诺·雅各布森，《课堂上的皮格马利翁：教师期望和学生的智力发展》，威尔士卡马滕：皇家出版社，2003年版。

② 英国阿宾格研究所，"阿宾格非暴力原则"，http：//www. Arbinger. com/downloads/principles_of_non_violence. pdf（2008年7月22日访问）。

只能怪我自己,所以这是不自然和不舒服的。

本书的最后一章将开始阐释其实现过程,提供其运作及行为方式的框架结构。但这一切都始于个人的责任感和诚实对待他人的内在方式——阿尼玛特质。

第七章　从高尚的治安官到 911 应急反应力量

技术进步只是为我们提供了更有效的倒退手段。

——奥尔德斯·赫胥黎①

那些选择花时间对错误做出反应的人,注定要把所有的时间都花在对错误的反应上。

首先,再次陈述和巩固贯穿本书的一些基本假设:

• 执法的基本使命是与我们的社区建立伙伴关系,并利用这种伙伴关系提高社区和组织内部的安全、保障和繁荣。

• 执法人员与社区成员的每次接触都会建立、支持和促进或者摧毁、反对和破坏双方的基本使命。

• 警察会使用武力的。当他们使用武力时,应该是捍卫正义的行为顶峰。使用武力不仅应避免不适当的犹豫,而且还应具备警察所有的专业素养、技能和活力。请不要把使用武力作为制服对手的唯一或首选策略。

---

① 妙语连珠,http://www.Brainy Quote.com/quotes/quotes/a/aldoushuxl101185.html(2008 年 11 月 13 日访问)。

尊重战术

从我们提倡的"阿尼玛特质"中所产生的是,静止时是智慧,行动时是力量和影响。

首先,通过准备、训练和技能的发展,培养植根于力量的战斗能力。随后,尽管速度缓慢,但运用基于尊重的战术能力日益增强。

使用尊重的策略会摧毁对手的战斗意志——但对他的身体却毫无伤害。通过以下两种方式之一,可以让对手不战而降。首先,也是最理想的,是转移对手对自己不妥协立场的注意力。让对手发现,树立自己地位的担忧和愿望得到了充分的理解和满足(这是最可取的,因为曾经的对手变成了盟友)。第二,在不协调、混乱和困惑的状态(破势或失衡)中,使他毫不含糊地服从。

之所以称这两种方式为"尊重战术",是因为只有通过无条件地尊重和关注对手的人性,把他作为一个人并作为一个独立的个体去理解,才能让对手不战而降。如此,你聪明地利用了这种理解(智慧)达到一个互利的结果(他受到了尊重,维护了尊严,故而不会感到尴尬或受伤,正义也得到了伸张)。

从不同的角度来考虑这一点可能会有所帮助。已退休的加州高速公路巡警、律师和风险管理专家戈登·格雷厄姆喜欢转述他最喜欢的风险管理专家阿肯德·泽勒的话:

> 在有文字记载的历史中,几乎没有任何证据表明人类在其主要的方面发生了变化。因为人类没有改变,所以他犯的错误也不会改变。他将要犯的错误可以从他所犯的错误中预测出来。[1]

这里存在一个很大的悖论。一个人的个人记忆、恐惧、偏见和图式使他对自发情况的反应无法预测。但同时,那些对他人人性有敏锐洞察力的人,则会产生强烈的全面战略意识。现在,对手的自满、傲慢、贪婪、恐惧、以自我为中心、偏见、注意力的有限性和分散性会使其在无法预测的情况下,犯下他会犯的错误,这一

---

[1] 戈登·格雷厄姆(Gordon Graham),发言人,跨部门直升机经理研讨会:持续的专业培训,2003 年 3 月 14 日,http://www.wildfirelessons.net/documents/GG_OrgRM.pdf(2009 年 8 月 15 日访问)。

点则是完全可以预测的。

总之,具有"阿尼玛特质"勇士的冷静智慧使他能够理解对手的自满、傲慢、贪婪、恐惧、以自我为中心、偏见、注意力的有限性和分散性,而不会对自己的自满、傲慢、贪婪、恐惧、以自我为中心、偏见、注意力的有限性和分散性做出过度反应,也不会被自己的情绪所淹没。他能够凭借直觉了解对手的心理平衡何时被打破。此时,明智的战略扭转(nage-waza)加上对手的心理和情感势头,很容易实现前面提到的两种结果中的一种。请参考第三章中愤怒、尖叫女士的例子,这一简单例子充分说明了尊重策略是如何化解不稳定局面的。

为了正确使用武力和"尊重策略":

• 执法组织中的每一位成员都必须经过挑选、聘用、培训且有责任拥有和坚持不懈地培养自己的阿尼玛特质,这种特质以正直为根基、以勇气为支撑,并表现出对所有人无条件的尊重。

• 组织必须有体制、职级结构和政策来支持正确的行动,而不考虑偏见、恐惧、政治正确性、忠诚等因素。

• 组织必须创造并坚持不懈地维护一个社会环境,鼓励和支持每个人,并让每个人(从上到下)对上述结果负责。

这将激发组织和社区的文化活力,并将带来以下成果:

• 在战术上保持警觉的警察,这些警察在任何环境下都能对他人做出反应,从而促进情感、心理和社会福祉。

• 尊重不同意见的安全、开放、诚实的沟通,进而为组织和社区带来更好的理念。

• 建立一种高信任、低压力的社会契约,在这种环境中,警察可以成长为最好的自己。

• 与组织的实际运行目标和政策紧密相连并保持一致的清晰、简明、有说服力的目标、任务、优先事项和政策。

• 警察和社区的创造力与大量的资源融合起来,围绕他们共同的基本使命携手合作,产生瞩目的成果。

　　我知道，很多人会对其中的一些假设感到恼火，我也听到过这样的反驳："我们是一个准军事组织，不是一群软弱的社会工作者！"通常情况下，随之而来的便是一些轶事（战争故事），并以此来为自己缺乏正直、勇气、品格和对他人尊重的行为辩护。辩护者通常会挑出他所知道的人类行为中最应受谴责或最不明智的例子，并以此来支持自己的个人辩护。

　　将准军事概念作为视人如物、待人如物的理由，其中包含着许多不诚实或无知。不诚实的根源在于缺乏正直的品格和在自己性格方面的自欺欺人。我们在前几章，特别是第六章，已经讨论过这些问题，所以我现在不会再回到这些问题上。"我们是一个准军事组织，不是一群软弱的社会工作者！"这句话中所包含的无知带有极大的讽刺意味，其讽刺意味在于：大卫·彼得雷乌斯将军领导下的美军增选了"尊重"这一与生俱来的高贵权利，而执法部门在很多方面却放弃了这一权利。因为军方已逐步认识到，任何叛乱分子有能力在某个地理区域内行动，其背后肯定存在着民族的、文化的、社会的、历史的、人类学的和经济的等现实因素，以维持和支持其行动。① 在任何社区情况都是如此。简单的观察和常识告诉我们，一些社区存在大量的犯罪和帮派活动，而另一些社区则没有。事实就这么简单。我并不是说社区成员故意支持犯罪活动。我是说，支持猖獗的犯罪活动是社区内许多复杂现实的意外后果。我还想说，执法部门的责任是带着尊重、智慧和耐心去了解和理解这些复杂的现实，然后与社区合作共同去挫败它们。我认为警察们凭直觉就知道哪些社区支持犯罪活动，哪些社区不支持。只要观察一下大多数警察（尤其是那些有家室的警察）选择其家室安住地就一清二楚了。我还认为，通过对真实社区的简单观察，这个命题是显而易见的。我们可以重温西区社区行动中心的故事（第六章），这一故事可以作为例子，让执法部门学习理解社区犯罪隐患和居民产生绝望情绪这种复杂的现实，以及如何解决这些问题。从严格定义的角度，我并不是说社区犯罪和暴力肇事者等同于伊拉克或阿富汗的叛乱分子。然而，

① 雅各布·基普博士、莱斯特·格劳、卡尔·普林斯洛和唐·史密斯上尉，"人类地形系统：21世纪的CORDS"，美国陆军专业写作选集，http://www.army.mil/professionalwriting/卷/volume4/december_2006/12_06_2.html（2008年11月13日访问）。

即使是在伊拉克和阿富汗,一个普通的不法分子和一个叛乱分子之间的界限也常常是模糊的。① 最近,陆军退役中校伊万·韦尔奇访问了我们的领导学院,并举办了一场有关平叛(COIN)工作的研讨会。韦尔奇使用的材料与美军在伊拉克的平叛学校使用的材料相同。坐在我旁边的是琳达·卡伦,她是西区社区行动中心的管理人员。琳达和我聚精会神地听着,之后我们一致认为,平叛学校的做法与堪萨斯市西区社区行动中心的做法有着惊人的相似之处。在一篇关于杰西·詹姆斯(Jesse James)的文章中,前美国陆军代理助理秘书(财务和审计主管)彼得·昆克尔将内战后的密苏里州的杰西·詹姆斯与阿富汗和伊拉克的叛乱分子联系起来。有些人认为詹姆斯是个叛乱分子;其他人则认为詹姆斯是一个普通的逃犯。② 不管人们如何评价像詹姆斯这样的人,巨额现金——驱使歹徒和叛乱分子犯下暴力罪行的奖赏方式——实际上已经消失,因为银行系统不允许提取和储存大量现金。很明显,这就是军方所称的对于非常暴力且经常重复的犯罪所采取的非武力解决方式,或者是人们所说的尊重策略。军事战略家们正试图总结从 19 世纪中期密苏里州到今天的伊拉克和阿富汗的经验教训。这也应成为当今警察及其服务社区的一个教训。我指的不是具体的应用,而是释放未知资源所需要的品格、智慧、关注和耐心,这些资源将有助于揭示支持和维持猖獗犯罪活动的复杂现实。我不敢肯定当所有利益相关者的天赋在相互尊重的高度信任的环境中得到释放时,将会带来怎样的协同效果(就像西区社区行动中心)。请理解:每种情况都是独一无二的,因此解决方案也是独一无二的。你不能将从一个社区取得的具体解决方案,强行施加于另一个社区。你必须投身于当地社区,以挖掘其自身独特的资源和解决方案。(引用这篇关于银行系统的文章颇具讽刺意味,因为在西区社区行动中心成立之后,该地区才有了第一家银行)这说明了一个简单的道理——当一个社区变得安全可靠时,经济发展自然会紧随其后,新的企业自然会应运而生。但是,经济发展不能听天由命,而应主动地积极推进。

　　还可以考虑一下国际无犯罪协会的努力,其"无犯罪项目的基石"是执法部门

①② 彼得·昆克尔(Peter Kunkel),"杰西·詹姆斯、《电讯报》和《1913 年联邦储备法案》如何帮助军队赢得反恐战争:无现金战场未实现的战略效应",美国陆军专业写作集,http://www.army.mil/professional writing/volumes/volume6/december_2008/12_08_3.html(2008 年 12 月 22 日访问)。

和社区共同努力预防犯罪的伙伴关系。可以说,无犯罪项目在堪萨斯市取得了显著的成就。读者可以访问他们的网站并阅读其推荐的书目。例如,一位长期从事无犯罪项目并拥有十多年经验的安全顾问曾说过:"我可以由衷地说,即使是最麻烦的资产也能借助无犯罪项目恢复其尊严和盈利能力,并变得相当安全。"①

我们将简要地介绍一下其他现有的军事管理模式,但这些模式都是以不同的方式讲述相同的故事。抛开所有的过程和理论不谈,基本的共同点就是,为了一个共同的目标或使命而赢得所有利益相关者的人心、信任和支持。遗憾的是,"赢得人心"是所有执法人员或组织都要努力去做的最困难、要求最高、最费力的工作。以下是一份原因清单,尽管不是所有原因,但足以解释为什么赢得人心是一件费力且不受欢迎的工作:

- 它不能提供强制执法所带来的即时满足感(兴奋和权力感)。

- 它需要的不仅仅是智慧、勇气、技能和专业形象,这些都是执行法律和实施逮捕所必需的。除此之外,它还需要性格、勇气、耐心、成熟、尊重和智慧。

- 警察失去了指责社区不负责任的现成借口——因为"赢得人心"是警察的责任。

- 每个人(从办公室职员到局领导)都必须有尊重所有人的担当。为了实现这一目标,每条指挥链上的每一个人都必须勇敢地担负起对自己和他人的责任——不管这些人忠诚与否。换言之,如果社会体制允许一个指挥官对其下属进行恐怖和痛苦的统治,那么每一个与之相反的价值观和政策都只会变成纸上谈兵。对他人的漠视将不可避免地蔓延到我们对待社区成员的方式上。

- 它把"数豆子"的工作——对工作效率的统计分析,从计算规定领域内执法活动次数这一简单而且不健全的过程中剥离了出来。这是因为重点不再是人员配备、车辆检查、行人检查、搜查令等等。相反,重点是不太具体但却至关重要的滞后措施。"检验警察效率的标准是没有犯罪和骚乱,而不是

---

① 国际无犯罪协会,http://www.crime-free-association.org/testimonials.htm(2008 年 12 月 3 日访问)。

警察在处理这些犯罪和骚乱时采取行动的那些可见证据。"①

- 公民是否始终被视为人,并受到尊重?
- 社区是安全的、有保障的、繁荣的,还是任由"叛乱分子"为所欲为?

紧急情况:拨打 911

再重申一遍,那些选择花时间对错误做出反应的人,注定要把所有的时间都花在对错误的反应上。我又回到了"意想不到的后果"这一话题上。谁会想到,开创一种更有效的求助方式并促进其使用会产生意想不到的负面后果呢?我先声明一下,我并不是在否认 911 系统的优点,也不是在提倡取消 911 系统。我的意思是,911 求助系统很可能带来了我所说的"意想不到的后果"。它可能加速了执法的基本性质从高尚的治安官到 911 应急反应力量的转变。只有当我们愿意考虑这种可能性时,我们才能考虑如何修复这个问题。

让我们以消防部门为例,看看他们在应急反应方面是如何不墨守成规的。人们显然习惯于拨打 911 报警,但消防部门也主动融入了现代生活的方方面面。消防条例涉及我们居住、工作或娱乐的每一栋建筑。学龄儿童都知道"停止、趴下、翻滚"。每一所学校的每个人都进行过火警演习。而且每个人都知道,每年当你为夏令时更换闹钟时,每两年也需为烟雾报警器更换一次电池。大多数建筑主管都期待着消防队长的定期查访。大多数电器都有消防安全认证,并附有警告。所有车辆和建筑物内含有在火灾事件中具有安全隐患的材料,均采用国家统一的标示系统进行标记。我刚在谷歌上搜索了"防火教案",得到了 38.9 万个结果。在第一页上,点击量最多的是针对学校老师的消防课程教案。现在扪心自问,上一次在学校火灾中有孩子丧生的悲剧发生在何年何月?

我并不是说,警察部门完全忽视了积极主动的推进过程,他们也在推进,特别是在 2001 年 9 月 11 日之后。但是,积极主动的火灾预防与促进社区安全和保障之间存在着根本的、极大的差别。你会发现,无论你身在何处,火灾预防都具有相同的基本属性。你必须将燃料源与点火源分开,将火源与氧气源分开(消防战士

---

① 新威斯敏斯特警察服务网站,http://www.nwpolice.org/peel.html(2008 年 12 月 13 日访问)。

们，我在这里有些班门弄斧了，请谅解）。这与我前面提出的概念形成了对比：社区若存在猖獗的犯罪或帮派活动，肯定有民族的、文化的、社会的、历史的、人类学的和经济的等复杂现实来维持和支持这些活动。这比火灾预防要复杂得多。例如，警察可以向你展示如何做好家庭防护，使入室盗窃难以实施（这是一个简单、统一的机械过程，就像预防火灾）。然而，在某种程度上，你感觉自己的"城堡"开始变得像坟墓，因为你生活在一个让人感到痛苦的犯罪猖獗的社区（现在我们谈论的是民族的、文化的、社会的、历史的、人类学的和经济的等这些复杂的现实）。

考虑一下军事行动。入侵一个国家，征服一个独裁者和他的军队，这是一个简单的过程，不容易，但相对简单（至少美国军队让它看起来很简单）。如果你能有效地部署压倒性的力量，你就可以入侵一个国家并打败它的军队。如果你把这个国家的每个人都看作是一个没有人格的物体，你可以做到这一点。士兵是障碍，公民是无关紧要的，卖国贼是工具。我不需要了解你——只需要碾碎你，扫除你，或者操纵你来得到我想要的一切。

在征服之后，面对世代仇恨和顽固的叛乱，确保长期和平与繁荣要复杂得多。现在，我必须对他们以人相待——这就需要一种植根于正直、以勇气为支撑、无条件尊重所有人的个人"阿尼玛特质"。随着时间的推移，这一特质培养了我的性格、耐心和智慧。我必须投入时间和真正的同情心去了解个体的需求、希望、恐惧和优先事项。在此基础上，我必须花时间去了解社区民族的、文化的、社会的、历史的、人类学的和经济的现实。我必须谦卑、开放、真诚地倾听。在获得真正的理解并赢得所有利益相关者的人心和信任后，我必须帮助引导他们做出协同合作的选择，以释放他们的天赋和激情。

在以下情况下，警察是无法在社区中做到这些的，如果她：

- 缺乏对所有人无条件尊重的正直、品格和意愿
- 在她自己的组织中被以物相待
- 为应付一个接一个的救助电话而忙得晕头转向

前两点在本书的前几章中已有介绍，但我们如何摆脱如仓鼠轮般不停旋转的911呢？

尊重法律精神与执法

我个人的经验在这里可能会有用。当我 21 岁来到这所学院时,我对自己将要进入的领域一无所知,也很天真,而且非常容易受影响。虽然我有点勇敢,但我没有特别高尚的品格,更没有多少勇气。然而,我所拥有的是对警察工作的印象,这些印象来自儿时的《亚当-12》电视连续剧,该电视连续剧是从我 9 岁那年开始播出的,播出了大约 7 年。现在,40 多岁的我已记不清具体的剧情,但我能回忆起这部电视连续剧给我留下的关于警察工作的"感觉"和"思维定势":警察之间如何相处,警察如何对待社区成员,社区成员如何回应警察,以及警察如何完成其工作。打破我心中警察形象的不是我在学校的经历,而是我在这个城市"热点"地区的第一次"兜风"。我从未听过在如此少的对话里能塞进如此多的脏话。我脑海中所有关于警察如何彼此相待以及如何对待社区成员的画面都被彻底粉碎了。这让心智尚未完全成熟的我感到既不安又兴奋:每周 4 天,每天刺激的 10 小时,外加一份薪水。这就像一场化妆舞会——你要装扮成自己的另一个自我,对人以物相待,在你自己的心目中成为一个英雄,并且乐在其中。这和真正的派对唯一不同的是,我们大多数人要等到下班以后才能开怀畅饮。在很短的时间内,我就变成一名真正的"执法者"——通过把某人送进监狱来"解决"所有问题。如果不把某人送进监狱,我就会不知所措,因为求助者叫警察的目的是什么呢? 除此之外我还能做什么呢?

名字有何含义

会不会是执法部门这个名字本身造成了一种问题心态? 和平官员或治安官是强化这些机构基本使命更好的名字吗? 诚然,大多数机构都有以社区为导向的项目。然而,隐藏在表象之下的现实却与西区社区行动中心所讲述的罗莎与巡警之间的互动非常相似。就拿我(化妆舞会后的 12 年逐步走向成熟)个人来说,我曾参加过一个由警察向中学生传授生活技能的项目。我们对来自学校管理部门的不信任和敌意普遍感到惊讶。与学校工作人员建立高度信任、协同合作的关系需要数月甚至数年的时间。后来,我开始害怕巡警对学校的求助进行回应。通常,巡警对学校工作人员的轻视会导致他们对警察的信任大打折扣。遗憾的是,我们"以社区为导向"的项目往往只有这几项内容。参与这些项目的警察通常被认为"不如"现场执法的普通警察。尽管受到了一些阻碍,但西区社区行动中心仍取得了显著成果——这一成果并没有得到来自机构内部普通警察的支持和赞赏。时至今日,堪萨斯市警察局的许多人仍对西区社区行动中心的实践产生怀疑,因为他们认为:执法是对法律精神的尊重,而不是盲目地执行个别法律。另一些人则以极大的热情反复告诉我,"零容忍"执法虽然效果不佳,但却是履行我们执法基本使命的正确方式。直到今天,许多人仍然对西区社区行动中心的一切都感到愤怒和不满;他们认为这是对执法使命的背离,是对我们组织荣誉的妥协。

改变执法人员的心态和想法,乍一看可能比外界认为的更具挑战性。奇怪的是,我主张减少对社区治安项目的重视,取而代之的应是对每个成员的基本内在素质、"阿尼玛特质"和组织文化的重视。组织甚至可能会考虑改变用以指代自己的主要名称:从执法人员改回和平官员或治安官。我们是否应该考虑改名,把重点放在目标、和平与安全上,而不是我们用以实现这一目标的手段之一,即执法上?

理解正义和同情之间的联系

一些人经常慷慨激昂地断言,吉普和我所倡导的不仅永远不会奏效,而且从本质上来说也是错误的,因为警察是一个"准军事"组织:"我们不能溺爱民众,也不能软弱,因为这样会有损于我们的使命、我们的标准和我们的安全。"他们几乎不知道,历史上最凶猛、最有战斗力的斗士,正是那些在尊重和同情他人方面表现出不折不扣的正直和勇气的斗士。

在现实中,正义只有在同情得以广泛传播时才存在,同样,同情也只有在正义得以伸张时才存在。让我来解释一下这个概念。设想一下:你发现自己 10 岁的孩子一直在家里"生病",不去上学,究其原因,却是被一个欺凌者吓坏了,这个恶霸让他在学校里的生活痛苦不堪。当你和其他家长交谈时,你发现这个欺凌者在学校里非常恐怖。你也了解到学校管理部门意识到了这个问题,但他们却过于同情所有的孩子,尤其是这个欺凌者(考虑到他的生活环境),以至于不想让他承担任何责任。我想任何人都明白,学校管理者所说的同情只不过是一种纵容,这是对同情的一种惩罚性伪装。① 这种纵容之所以是惩罚性的,是因为它让欺凌者和他的所有受害者遭受情感、心理和社会遗留问题的伤害,这样也是对正义概念的嘲弄。因此很容易理解,当真正的同情(对减轻他人痛苦带有强烈愿望的同情心)得到广泛传播时,正义才能得以伸张。请允许我再举一个例子。当我在中学(和一些小学)讲授生活技能课程时,我有机会进入几乎每一所可以想到的学校,从深陷困境的老城区学校到郊区学校,再到私立宗教学校。即使作为一名阅历丰富的老城区警察、战术教官和侦探,我对老城区大多数学校的社会混乱程度也会有一种"文化冲击"感。但与此同时,我却在一些问题最严重的学校上了一些效果最好的课,度过了教书以及与年轻人交流的最佳时光。而具有讽刺意味的是,我在一些宗教氛围较好的郊区小学却上了一些效果最差的课,度过了教学生涯中最糟糕的时光。然而,有趣的一点就在这里。当我请求那些问题最严重的学校的老师们在课堂管理方面给我一些支持,以便能够进行一些实际的学习和互动时,得到的却常常是怀疑的眼神,似乎他们在想:"警察怎么会这么笨?"而后他们会告诉我:"你知道这些孩子们的家庭生活有多糟糕吗? 当他们的家庭生活一团糟的时候,你不能指望他们走进教室后,在教室里的表现能举止得体!"相比之下,我在那些友好、有趣、气氛融洽的教室里度过了互动和学习的美好时光,而这些班级同样属于问题最严重的学校。我会去找老师,感谢他们的课堂管理技巧,并询问他们秘诀。他们会解释:"我相信你能理解这些年轻人家庭生活的混乱。我必须为他们提供一个安全、可控的课堂环境;这也许是他们在生活中唯一能够享受的为数不多的秩序!"情况就是这样——两种截然不同的同情观。一种是纵容的惩罚性伪装,其结果是加剧了痛苦和绝望。顺便说一句,这也为某些老师表现欠佳提供了借口和理由。另一种则代表真正的同情,灌输正义,激发勇气和对所有人的尊重。除此之外,这种同情还产生了最好的结果。直到大约 8 年后的今天,我对这些孜孜不倦、勇敢无畏的老师们仍充满敬意,心怀感激,他们每天都在令人不安的环境中为学生们倾注心血。

---

① C. 特里·华纳,《让我们自由的纽带:缓和关系,回归自我》,犹他州盐湖城:影子山出版社,2001 年。

收回军队从警察那里征用的东西

> 平叛组织在赢得人民的支持之前，
>
> 必须采取必要的措施，真正地理解和了解人民。①

　　那么，在尊重人民、同情和正义方面，我们能从军队学到什么呢？近几十年来，美军派出了世界上最具战斗力的部队。这支部队在短时间内两次击退了世界上最强大的军队之一。然而与此同时，军方高层也开始意识到一些历史上与老式警务相关的最基本的原则。2007年初，拥有普林斯顿大学国际研究博士学位的彼得雷乌斯将军组建了一支由"战士学者"组成的团队，即由在伊拉克有作战经验且具有博士学位的个人组成的独特团队。组建这一团队的目的是为了研究彼得雷乌斯将军的伊拉克平叛愿景。这一研究需要对当地文化和人口结构有深入的认识和了解，所以"战士学者"团队是最合适的人选。② 研究结果体现在其文献的理念中，例如2008年9月16日出版的《总部——伊拉克多国部队平叛指导手册》，其副标题为"我们如何思考"。

> 　　我们行动的环境非常复杂，需要使用我们武器库中的每一种武器，包括动能武器和非动能武器。要充分利用各种方法，我们必须了解当地的文化和历史。了解部落，正式的和非正式的部落首领……了解社会的运作方式。③

　　军方的研究结果是如何与公共安全组织的基本使命相关，这一点非常明显，我似乎没有必要发表评论。美国警察机构的武器库中有多种武器，而其中最有效的则是非动能武器。为了利用所有的资源，我们必须理解当地的文化和问题。为了理解，我们必须倾听。为了倾听，我们必须无条件地尊重所有人。为了无条件地尊重所有人，我们必须有植根于正直，并由勇气所支撑的内在的"阿尼玛特质"。罗伯特·皮尔原则再次提醒我们与公众之间的联系：

---

① 美国陆军中校杰克·马尔、美国陆军少校约翰·库欣、美国陆军少校布兰登·加纳、美国陆军上尉理查德·汤普森，"人类地形图：赢得COIN斗争关键的第一步"，《军事评论》，2008年3—4月。

② 詹姆斯·乔伊纳，"彼得雷乌斯的普林斯顿博士团队"，战区之外，2007年2月5日，http://www.outside-thebeltway.com/archives/e/princeton_phd_posse_/（2008年12月13日访问）。

③ http://www.mnf-iraq.com/images/CGs_Messages/odierno_coin_guidance.pdf（2009年9月5日访问）。

- 警察履行其职责的能力,有赖于公众对警察行为的认可。
- 警察必须获得公众心甘情愿的合作,他们必须自愿地遵守法律,才能得到和保持公众的尊重。
- 警察得到公众配合的程度高低,与为实现警察目标所需要使用的武力和强制手段的多少成反比。

在引用的《军事评论》文章中,作者指出,最初在伊拉克和阿富汗进行的平叛行动并没有为他们所面临的现实做好准备。没过多久,对成功的研究就证明了以下几点:"绝大多数情况下,在这场战斗中看似获胜的部队都与当地领导人的关系取得了重大进展,找到了理解和尊重当地文化规范的积极方法,并解决了具体的社区需求。"①军事作家们接着对代表警察机构基本使命的观点发表了重要评论。他们指出,通过了解和解决人们的优先需求,他们可以培养与当地领导人的关系,并建立彼此间的信任。②如果引用的这篇军事文章听起来很熟悉,那就想想西区社区行动中心的故事吧。引用的文章中谈了很多军方使用的方法,这些方法对维持治安可能也有帮助。但就我们的目的而言,只有一个重点,那就是,世界上已知的最强大、最震撼、最具破坏性的人为力量——当今的美国军队——已经发现并利用了一种最基本、最具历史意义的警务"软技能"。③

同样,我知道下一个反驳将是:"那又怎样?'新军'的高官们雇用了一些软弱的社会工作者会把事情搞砸。"首先,无条件尊重能极大地推动任务向前进展,这一理念对军队来说并不陌生。谢尔伍德·莫兰少校在第二次世界大战中曾在太平洋战区服役,在审讯敌方战俘时设立了海军陆战队的"黄金标准",他曾说过:

"你可以通过恐吓、'逼供'的方法让俘虏'招供',但情报官员对招供不感兴趣。"他说。"情报官员寻找的是信息,而事实一再证明,人性化的手段最有效。"④

---

①② 美国陆军中校杰克·马尔、美国陆军少校约翰·库欣、美国陆军少校布兰登·加纳、美国陆军上尉理查德·汤普森,"人类地形图"。
③ 新威斯敏斯特警察服务网站,http://www.nwpolice.org/peel.html(2008 年 12 月 13 日访问)。
④ 美国海军陆战队中校詹姆斯·B·威尔金森(已退役)、迪克·坎普,《舍伍德·莫兰少校和战俘审讯的黄金标准》,《现场报告》(海军陆战队审讯翻译小组协会期刊)5,第 2 期(2007—2008 年冬季刊),海军陆战队审讯翻译小组协会。

不出所料，作战部队的军官们经常批评莫兰"软弱"，有些人甚至主张直接射杀囚犯。但这些军官后来却发现，他们所乞求的可靠信息，只能从被俘的囚犯那里得到。为完成这一使命，莫兰尊重囚犯的行为方式被证明是收集关键信息的"黄金标准"，这些信息拯救了无数人的生命。[①]

反对"软弱社会工作者"的第二个问题是第四阶段的巅峰训练，即特种部队的训练，其中包括一个名为"罗宾·萨奇"的为期19天的野战训练演习。"参加这次演习的有学生、平叛者和游击队人员（其他服役人员）、辅助人员和干部。这种训练注重实效，因为必须训练作为特种部队作战支队（SFODAs）的学生如何在敌对环境中模拟游击队，利用周围社区的平民作为辅助。"[②]这实质上相当于赢得所有利益相关者的人心、支持和信任，以实现共同的目标或使命。

所以，我的执法朋友们，如果你们希望给那些自愿参加、有资格参加并且通过美国陆军特种部队训练的硬汉们贴上"软弱的社会工作者"的标签，那就请你们私下里去贴吧。此外，对于那些认为执法是"准军事化行动"而反对我们主张的人，我想说："阿门，让我们变得更像军队吧！"

小结

要摆脱"911仓鼠转轮"，首先需做到以下几点：（1）执法人员的心理和思想必须发生根本性的转变，也就是说，要发展个人的"阿尼玛特质"；（2）所有公民都必须被视为人、以人相待并受到真正的尊重；（3）社区警务不能再以规划为基础，建立伙伴关系必须成为所有警察的基本心态和使命；（4）必须通过积极和富有同情心的倾听获得对潜在因果现实的真正理解；（5）问责过程必须从主要措施，如人员配备和执法活动等，转向刚才列举的4个因素和本章开头列举的基本前提上。

现在最大的问题是，如何做到这一点？第九章将概述堪萨斯市警察局刚刚启动的"激活"文化过程。

[①] 美国海军陆战队中校詹姆斯·B·威尔金森（已退役）、迪克·坎普，《舍伍德·莫兰少校和战俘审讯的黄金标准》。

[②] 第一特种作战训练组（空降部队），http://www.globalsecurity.org/millitary/agency/army/1swtg.htm（2008年12月21日访问）。

第八章　无条件尊重：品性的塑造

人的品性决定其一生命运。

——赫拉克利特

我已经向我的小分队详细介绍了这次突袭行动的情况。据了解，这些嫌疑人持有枪支，并与当地一个对警方极为不满的帮派有联系。我们要在晚上 11 点之前赶到一所高风险的房屋进行搜查，为两个月来对房屋内外猖獗的毒品销售进行的犯罪调查画上句号。我驾驶的车辆刚转向目标街道，我的队伍已在车内蓄势待发，武器准备就绪，肌肉绷紧。一切平静了下来，这些专业人士在做最后冲刺的心理准备。毫无疑问，这是一种期待的感觉——一种我加入小分队之前曾有过的一千次的感觉——这种感觉在夜空中弥漫。我知道他们已经做好了应对来自房门另一侧所有威胁的准备；这扇门将被 60 磅重的夯锤砸碎，而小组中最强壮的队员已扛起了夯锤。

当我减速准备在房屋北边的停车场停车时，车门已经打开。停好车后，我走向路边加入队伍，队员们已悄悄向目标地靠拢。整个过程悄无声息，动作娴熟；我不由想到，平时训练时要付出多少代价才能达到今天如此熟练的程度。当队伍到达门廊时，我看到一个陌生的男子隔着一扇肮脏的、破裂的、面向街道的窗户向外窥视。一看到警察——这是必须看到的结果，他转身向屋内跑去，右手拿着什么东西。

冲在最前面的尖兵大声喊道："警察，我们有搜查令！"夯锤随之砸向房门，由于用力过猛导致房门的木框裂开,把门从铰链上震了下来,门闩摔进了看似餐厅的地方。当第二名警察(即第二个冲进房间的人,他的主要任务是掩护尖兵)紧紧靠在尖兵左边并用步枪对准跑向餐厅外卧室的嫌犯时,尖兵跨过门槛。嫌犯的自主神经系统处于完全激活状态,他的大脑需要在"搏斗或逃跑"之间快速做出选择。在两个红色激光点划过他的前额之时,他明智地选择了后者,并把他所携带的东西——一把序列号已被磨掉的 12 毫米口径的猎枪——扔到了后来确认是儿童卧室的地板上。我尊重嫌犯的人性。他不只是一个会在恐慌中继续逃跑,并极有可能对抓捕采取极端暴力和不可预测手段的"瘾君子",而且还是一个有思想情感的人,一个需要被尊重的对手,因为他没有采取极端手段造成伤害。

嫌犯连同一名成年女子和 6 名儿童被拘留在住所内。当初步的保护性搜查完成后,尖兵喊道:"一切安全!"这句话从一个队员传到下一个队员,直到得到我的承认为止,这也意味着我们现在已安全占领了这所房屋。我摘下头盔和面具,向住在这所房屋里的人讲话,他们已被押送至客厅。此时我体内的肾上腺素已经消退(恢复了平静),我立刻闻到了屋子里到处散发的动物粪便的刺鼻气味。我注意到屋子里的温度并不比我在寒冷的 2 月里站在前廊时暖和多少。我呼出的气息瞬间形成无味的烟雾,表明屋里的温度接近冰点。我向两个大人重申了我们的身份,并对他们进行了检查,以确保在我们破门而入时,大人和孩子们都没有受伤。我简短地回答了几个有关搜查令范围的问题,然后开始在房屋内四处走动,仔细查看。我的工作把我带到了一些任何人都不愿去的最肮脏的地方,但这栋房屋的特殊状况却使我感到震惊,消除了我对污秽仅存的一点点敏感。房子里没有电,没有暖气,没有煤气,没有自来水。有几扇窗户也被打破了,整个房屋内到处都是冷冰冰的。我甚至在浴缸里发现了人类的排泄物,在地下室的地板上发现了相当于狗一年的粪便。飘浮在空气中的氨气气味如此强烈,刺得我双眼直流眼泪。屋里唯一能用的电器是一台电视机,接在一根由隔壁房间拉出来的电线上。房间里到处都是食物残渣,蟑螂们随时可以享受大餐。房间里坐着从 3 个月到 6 岁大的孩子。他们身上盖着脏兮兮的毯子,挤在前屋角落里一张肮脏的长沙发上。面对这些拿着枪、说话低沉严肃的陌生人,他们的脸上露出恐惧的神色。我手下的一名队员在孩子的房间里发现了一袋强效可卡因,那是很久以前遗弃给啮齿动物的。另一袋毒品扔在沙发前茶几旁的地板上。我对孩子们的同情开始被不断高涨的愤怒所压倒。我竭力抑制住自己强烈的冲动：揪住那一男一女的脖子，把他们抛到门外。在短短的几秒钟内，我的脑海中闪现出孩子们的生活。我感受到了他们的绝望。我看到了毫无目标、毫无质量的生活。我能感觉到同样的情绪从我的队友身上涌起——他们都是父亲，都是非常关心家庭的男人。这种不断高涨的愤怒情绪似乎能点燃我们周围的房子。有人必须为这些可怜的孩子所遭受的不公待遇付出代价。

我花了很长时间磨炼自己的身体和意志，以做好应对所选择的高压力职业的准备。在身体方面，我必须足够强壮，才能携带装备，控制那些顽固抵抗或拒捕的罪犯。在精神方面，我必须头脑清晰和灵活，才能随时警惕所处环境的潜在危险。我必须对细微之处保持敏感，这些细微之处对那些外行或者被自己的傲慢蒙蔽了双眼的人来说，可能毫无意义，但对我们团队的安全来说却至关重要。同时，我必须遵循自身"阿尼玛特质"的引导，为正确的事情采取行动，而不被自己天生的评判倾向所误导。

我们很少听到执法人员谈论品性的发展，但我敢说，在与人打交道时，品性的发展甚至比心理和身体的成熟更重要。警察对待他人——特别是那些与他似乎没有任何关联的人——的方式，是他品性的直接反映；虽然有人可能会以此作为不公平对待他人的理由，但事实上，这与警察在履职过程中所接触到的人的行为几乎没有任何关系。通过将我们的精力集中在发展我们内在的"阿尼玛特质"——或内在保障——上，我们最终能够更有效地影响他人。这种"阿尼玛特质"代表了我们真正的内在自我。它植根于正直，以勇气为支撑，表现为对所有人的无条件尊重。

正直

正直就是不顾我们个人的喜好、恐惧、偏见和忠诚，为正确的事情而行动。它需要严格的自律并致力于建立各种责任体制，以确保在最困难的情况下有正确的判断力。一个正直的人总是表现出与根深蒂固的是非原则相结合的行动的一致性。

领导力大师兼作家格斯·李说过,正直包含三个部分:

- 辨别是非

- 不顾自身的风险,为正确的事情而行动

- 用正直的行为教导他人①

在你看来,我们会经常不顾个人喜好、恐惧、偏见和忠诚而自动地辨别是非吗？我们一致认为:答案是几乎永远不会。事实上,在这个世界上,我们需要我们的个人喜好、恐惧、偏见和忠诚来为我们导航。如果没有他们,我们就会像天真的两岁孩子一样,在生活中漫无目的,跌跌撞撞,不断地受那些我们不了解也无法控制的事务所摆布。

我的堂兄查德和他的妻子希瑟,幸福地拥有世人所渴望的完美家庭。他们的家在科罗拉多州,家中的书房里有一个壁炉,壁炉外是玻璃围挡。当壁炉燃烧时,其散发的热量将玻璃围挡烤到炽热。当他们的孩子还在蹒跚学步的时候,查德和希瑟总是小心翼翼地让他们远离壁炉,以免被灼伤。你可以想象,壁炉对一个不知道火的危险性的孩子来说似乎非常温暖和诱人。有一天,查德关掉壁炉,让它先冷却一会儿,然后才把书房的门给孩子们打开。壁炉已经关了大约 45 分钟,这一时间似乎足以让玻璃围挡充分冷却下来。他 14 个月大的小女儿凯特慢慢地走进了书房。她扶着墙向前挪动,还没等人反应过来,她就把小手放到了壁炉前面的玻璃上。玻璃还没有完全冷却下来,凯特的小手被灼热的玻璃烫伤了。这件事发生后,查德和希瑟再也不用担心凯特会靠近壁炉了,她甚至不想待在有壁炉的房间里。你知道,她对壁炉产生了一种非常必要的偏见——这种偏见会防止她在将来遭受类似的伤害。

我们对世界的看法都是有限的。由于我们的主观感知不同,所以我们每个人看到的世界也不一样。个人的喜好、恐惧、偏见和忠诚是非常必要的。它们使我们能够在一个不可预测的世界里做出深思熟虑的决定。没有它们,就不可能成为合格的警察。因此,正直的本质是能够明辨是非,这并不是因为我们忽略了内在的筛选过程,而是因为我们有将主观价值投射到周围世界的自然倾向。

---

① 李,《勇气:领导力的支柱》,2006 年。

想想看,作为人类,我们天生就有为自己的行为辩护的能力。在建筑业中,"justify"一词的意思是"修直"。当正在建造的建筑物墙体不直时,建筑工人们肯定要进行修正。当我们不能为正确的事情而行动时,我们就会扭曲我们的恐惧、喜好、偏见和忠诚来为不正当的行为辩护。每当发现自己在为所从事的某种行为辩护时,我意识到的第一件事就是,这种行为可能是不正当的。请记住,正直的行为不需要辩护。设想一下,你走进一家便利店,想在回应服务需求电话的间隙喝杯咖啡,这时你看到一位老妇人钱包里的东西散落到地上。你停下来,帮她捡起地上的东西后还给她。难道你会因此而转向你的同伴,向他"证明"或解释你为什么要帮助这位老妇人吗? 很可能不会,正直的行为不需要被证明是正当的。

当我们的内在安全机制开始为我们不正当的行为进行辩护时,植根于正直的"阿尼玛特质"能够帮助我们认识到这一点。它使我们能够批判性地审视自己,检查我们为正义而行动的承诺,并帮助我们弥补自我欺骗的自然倾向。正直是培养能够帮助我们驾驭利己主义海洋的"阿尼玛特质"的基础,利己主义往往会遮蔽我们判断是非的能力。

勇气

正直让我们知道正确的事情,但勇气会加强我们为正确的事情而行动的能力。有勇气支撑的"阿尼玛特质"能确保我们拥有勇往直前的刚毅,而不受社会压力的阻碍。在第一章中,我们介绍了这一概念,即勇敢代表体力,而勇气则代表道德力量和承诺。勇敢常被用作勇气的同义词,但二者其实并不同。我们认为,二者之间的差别不仅在警察工作中很重要,而且区分二者也至关重要。例如,一名警察在没有穿防弹背心的情况下,为了帮助他人而卷入枪战,这是一种勇敢的表现。后来,一位同事把他拉到一边,针对他不穿防弹背心而卷入枪战的草率决定直截了当地提出了批评,这是勇气的一种表现方式。我们的文化鼓励勇敢,但我们的社会制度和结构性政策却往往不鼓励我们的警察坚守原则。事实上,我曾与许多警察交谈过,他们坚持认为,即使上司做出了糟糕的决定,将他们和其他人置于人身危险之中,他们也不会站出来与之对抗。他们的理由是:社会环境根本不支持质疑指挥系统。他们认为设立职级结构是有道理的,他们没有资格质疑上级的决定。他们真正想说的是，当社会环境不支持某一行为时，即使这一行为是正确的，他们也不会积极主动地去做。（参阅第二章"30法则"）同样是这些愿意为战友挡子弹的警察，却不愿与同事进行直截了当的交流，即使这位同事的行为已危及他的职业生涯和生命。

去年我在另外一个州讲授一门突击训练课程。课大约上了两小时后，一位年轻的特警警官在教室后面举起了手。他说："我有个问题，无论走到哪里，我都会问这个问题，但我始终无法得到一个直接的答案。你看起来是个相当聪明的家伙（这是他犯的第一个错误），我想请你来回答这个问题。"他肯定会让我很为难，但我告诉他，我会尽力回答他的问题。他接着告诉我，他在一名特警指挥官手下工作，这名指挥官的决定似乎不符合团队安全的最大利益。我让他解释一下，他告诉我：他参加过很多特警训练，有许多教官都像我这样，站在全班同学的前面，谈论如何应对那些携带武器、躲在建筑物里，但没有扣押人质的目标嫌犯。他说，所有的教官都认为，最安全的战术是实施小组包抄，把目标嫌犯从建筑中逼出来，而不是进入建筑紧追嫌犯。他继续详细阐述了他所学到的几种方法，包括使用催泪瓦斯使环境变得难以忍受。他说，他的特警指挥官从不信任"拆毁房屋"战术。每次他们遇到被认为是携带武器的目标嫌犯困在一所房屋内时，指挥官都会让他们放弃向房屋内施放催泪瓦斯，而是命令他带领他的团队冲进房屋抓捕嫌犯。他说："我总是抗议，告诉我的指挥官这样不安全，有人可能会受伤。但他坚持自己的命令，我别无选择，只能带领我的队伍冲进房屋。我的问题是，我的指挥官有错吗？"我告诉他对此我一无所知。他举起了双手，看上去很沮丧。他说他很失望，因为他以为我会是那个最后告诉他答案的人。我回答说："哦……我不知道你们的指挥官有什么问题，但我知道问题出在哪里。"他似乎很开心，接着问我答案。我回答说："问题出在你身上。问题是你害怕。"血液一下子冲到他的脸上，他开始为自己辩护。他告诉我，他曾多次因勇敢而受到表扬。我告诉他，我不是在质疑他的勇敢，而是在质疑他的勇气。他看起来很困惑，所以我问他："在你成为特警小队长之前，你是做什么工作的？"他告诉我，他曾是一名交警。我问他是否愿意回去重新当一名交警，他说："不愿意。"我说："我知道你不愿意，你的指挥官也知道。你的所作所为已经让他明白：当他告诉你去做一些不安全的事情时，他所要做的就是忍受你的一点点反对，然后他就会给你下一道命令，而你无论如何都会去执行这一命令。你已经向他传递了一个明确的信息：你不会为正确的事情采取行动，因为你更关心你作为特警小队长的职务，而不是你手下的安全。遗憾的是，你也向你的手下传递了同样的信息。当你有勇气把你手下的安全置于你自己的职业生涯之上时，你就会拒绝执行危及他们生命安全的命令，问题也就不复存在。"

第二次课间休息时，他把我拉到一边，问道："你在课堂上说的……就是答案，对吗？"我告诉他我认为是。他问我："如果第一次我直接告诉我的指挥官，我不会仅仅因为方便就把我的手下带到一个不安全的地方，那会是什么结果呢？"我回答道："他会炒了你的鱿鱼，然后让别人代替你去执行他的命令。但这并不重要。重要的是你向给他传递了另外一种信息。你让他知道：他面对的是一个有品性的人。你也会向你的手下证明：你关心他们的生命胜过你个人的利益。"最后我告诉他，通常情况下，没有人会因为你坚持原则而对你进行表扬或在你胸前别上勋章。更有可能的是，你会被冷落，有时还会面临一些负面后果。追求重要核心价值观，不适合意志薄弱的人。为正义而行动本身就是一种回报。我一直没有收到这位特警小队长的回音，但我真诚地希望他能够鼓起勇气去做他心中认为正确的事情。

品性的基础

> 勇气不仅仅是一种美德；它还是每一种美德接受考验时的表现形式。
>
> ——C. S. 刘易斯

在这本书中，我们一直提倡一种始终如一的"内在方式"，或"阿尼玛特质"。流行的领导学说和自编讲义都倾向于把行为看作是实现你想要的或控制结果的一种方式。这些学说或讲义告诉我们：我们必须自律，以特定的行为方式来影响他人。这种思维注重行动。表面上看，它似乎既合乎逻辑又直截了当；然而，如果没有相关的背景，行动本身是毫无意义的。因此，毫无疑问，行动的意义来自它所处的环境。

"阿尼玛特质"是我们的内在本质。它指的是我们的内在品性，而不是我们试图向与我们交往的人所展示的外在形象。也就是说,我们所做的或我们所采取的行动,远不如我们在行动时的内心状态重要。这是一个非常重要的区别。我们是什么和我们做什么之间的差异决定了我们的命运。我们所提倡的内在"阿尼玛特质"的存在,是为了有意识地调整我们的内在自我、我们是什么、我们的外在行为以及我们的所作所为。否则,假装我能以一种方式行事(蔑视他人),同时又保持高尚的品格,那无疑是自欺欺人。这正如被广泛使用的一个比喻——一氧化碳气体中毒。这种自欺欺人对自己和他人都是致命的,因为它既隐蔽又阴险。当我们自身的这两个方面(内在品性和行为)恰当地结合起来时,我们就拥有了只有品格高尚的人才能体验到的高效和影响力。

让我用一个比喻来说明性格的关联性。就拿一所新建的房屋来说吧。地基是所有建筑物或房屋需要完成的第一部分。地基的重要性如何?我的意思是,如果工人们匆忙地打下地基而忽略了几个关键步骤会是什么结果呢?如果他们急于把房屋建好,而没有留给地基足够的时间去凝固,那又会是什么结果呢?我想,不管建造者们的工作有多努力,也不管房子其他部分的建造有多精巧,如果没有坚实的地基,房子最终会倒塌。地基是建筑过程中至关重要的一部分。它需要时间、耐心和适当的工艺以确保其坚实、牢固,并且能够在最恶劣的天气情况下撑住建筑物的重量。适当的"阿尼玛特质"(原材料、工艺)对打造过硬的品性(基础)至关重要。

品性是一种不断发展的核心能力。品性的培养是一生的追求。我们每天都面临着增强或削弱我们品性的挑战和机遇。当我们的内在方式和外在行为相结合时,我们的品性就会增强。当我们不能以正确的方式行事时——当我们不能"言行一致"时,它就会被削弱。格斯·李说过:"品性是持续的正直和勇气所产生的结果……品性是最具挑战性的核心价值,因为它需要一生的时间去打造。"①

拥有完美"阿尼玛特质"的人有哪些共同特征?无条件的尊重是我们内在方式发展成熟的外在表现,是我们向世人展示内在"阿尼玛特质"的方式。请记住,我们如何看待和对待他人是我们品性的直接反映。它与我们对人和环境做出适当的反应有关,而与我们对他们的性格或生活方式的个人判断无关。

---

① 李,《勇气》。

考虑一下体能。体能的发展对帮助一名警察适应和掌握技能有多重要？当一个警察必须控制一个吸毒的嫌疑人或是把一辆抛锚的汽车推出马路时，发展体能的效果如何？毫无疑问，非常重要。那么，我们该如何发展我们的体能呢？有很多行之有效的方法。你可以使用从免费举重训练到健美操、普拉提、瑜伽或通用重量器械等诸如此类的方法。所有这些方法都基于同样的原理——重复和阻力——来发展肌肉。增强体能需要阻力和重复训练，随着时间的推移，我们使用的阻力越大，我们就变得越强壮。如果我们选择逃避阻力训练，我们的体能也许可以持续一段时间；但从长远来看，如果我们忽视体能训练，我们的身体就会暴露我们缺乏体力的支撑，那么在我们——或者其他依赖我们的人——最需要我们力量的时候而倒下。我们将更容易受伤，更容易受到各种疾病以及与压力有关的环境的影响。我们将变得软弱无力，无法担起保护同胞的重任。我现在讨论的是个人体能和技能的发展需要经过适当的训练、调节和准备。而警察经常使用的替代方法却是试图通过轻蔑的态度和辱骂行为来"显示"强硬和有能力。要想表现得强硬实在太简单了；然而，培养真正能够处理最危险情况所必需的技能却需要努力工作、自律和个人承诺，以克服我们自欺欺人的倾向。

现在，把阻力和重复的概念应用到培养和发展过硬的品性上。我们的身体需要阻力和重复才能变得更加强壮，我们的性格也如此。对我们的身体进行阻力训练的原理围绕着肌肉分解的方式进行，目的是使肌肉重新变得更强壮、更有条理，以应对不断增加的工作负荷。同样的原理也适用于品性的发展。虽然身体上的阻力可以人为地制造出来（比如在健身房使用举重），但品性发展所需的阻力只能间接地制造出来。另一方面，难对付的人和具有挑战性的环境也会不断地提供这种阻力。

为了尽量避免冲突，我们花了如此多的时间，难怪我们的社会正在经历一场品性危机。我们总是被教导在正确的事情上最好不要太顶真，因为我们可能会冒犯别人，并引发冲突。其结果便导致了一种避免冲突或避免抵抗的行为模式，它削弱了我们的性格，使我们变得软弱。具有讽刺意味的是，如果没有冲突（我们总是有意避免冲突），我们就无法强化我们的性格来应对更为困难的环境。著名的教育家海伦·凯勒说过："性格的培养不可能在安逸和平静中完成。只有经历痛苦和磨难,才能使灵魂得到强化,才能激发雄心,才能获得成功。"①

　　当我们以无条件尊重的态度与具有挑战性的人交往时,我们的性格就会变得更加坚强,更具适应性。性格发展的第一步是不要让自己轻易地、自欺欺人地认为别人"不如"我们,或以物对待他人,这样我们就可以为正确的事情而行动,也使我们能以诚实的态度对待他人,采取行动。从这一点来看,同情和正义很可能会导致我们面对困难的环境。正如我前面所提到的,在体能训练方面,我们可以制造"人为"的阻力,使我们的身体做好应对各种冲突的准备;但是,当谈到制造我们性格的阻力时,情况通常却并非如此,因为人为模拟形成性格阻力的方法很少。②幸运的是,在我们的身边到处都有可以用来训练我们性格的阻力:我们的家人、朋友、同事和客户。我们所需要的只是锻炼和鼓足勇气,以便在机会出现时加以利用。

品性和领导力

　　在第二次世界大战期间,英国陆军元帅伯纳德·蒙哥马利率领的盟军在北非和欧洲的胜利中发挥了重要作用。他说:"领导力是将人们团结起来实现共同目标的能力和意志,是激发信心的品性。"不管你是领导特警队执行搜查令,制定街区监视计划,还是与民政部门合作重建伊拉克的一所学校,如果没有品性,就不可能有真正的领导力。一个有品性的领导者拥有激励他人成为最好自己的力量,并能带领集体去实现个人无法取得的成就。这种类型的领导者拥有成熟的"阿尼玛特质",他们会为正确的事情采取行动而不顾自身的风险,也不顾他或她的社会群体对这种行为的看法。当一个领导者选择为正确的事情而行动时,她必须充分地认识到:这一行动可能不会带给她荣誉或认可。很多时候,正直的行为往往会使一个人成为争议或鄙视的焦点。但是,为正义而行动本身就是一种回报。

---

① 海伦·凯勒,《我的人生故事》,1903;再版,纽约:西涅出版社,1988。
② 一个重要的方法就是在角色扮演场景中进行大胆的沟通练习。这套技能的练习可以起到压力灌输训练和提高技能的作用。通过训练,人们在实际应用中更有可能站出来进行具有挑战性的对话(这需要勇气)。这就是性格的塑造,是在一个人为打造的环境中练习技能所产生的间接结果。类似于体育锻炼,但又有所不同。一般情况下,我们发展体能不是因为有健身房,而是为了在现实生活中应用在健身房里获得的力量。

我有幸认识了许多真正有品性的领导人。杰里·韦斯特就是这样一位领导人。几年前，杰里是密苏里州高速公路巡警特警队的中士和队长。杰里为人正直，言行一致。他在团队和整个机构中都很受尊敬。当杰里反复要求为他的团队提供适当的培训和设备，而他的上级却拒绝了他的要求时，他面临着一场意识危机。他不得不做出选择：要么让他的团队处于危险之中，从而保护自己的职位；要么选择支持他的手下，而使自己直面现实。杰里找到他的指挥官，对自己所关心的事情进行了最后一次陈述。当团队的需求得不到满足时，杰里辞去了队长的职务，离开了特警队。杰里在他的团队中非常受尊敬，大多数人也都随之辞去了他们在团队中的职务。整个特警队不得不从头开始重建。杰里的付出在整个机构广为人知，同时也再次确认了他人早已熟知的事情——杰里是一个真正有品性的人。

我最近有幸和杰里讨论这件事。我认识到，由于坚持原则，他不得不放弃自己挚爱的工作，他的处境就是"为正义而行动本身就是一种回报"的实例。但杰里马上纠正了我的看法。他说："吉普，我可能失去了一份我喜欢的工作，但是接替我和我团队的特警队员们得到了他们安全工作所需的培训和设备，这是非常值得的。"一段时间后，杰里升职了，现在是州巡逻队的中尉。目前，他是密苏里州高速公路巡警执法学院的副院长，在此他可以向每一个走进校门的新警施展自己内在品性的魅力。

一个人可观察到的行为是其品性的外在表现，真正成熟的品性是深层内在方式（阿尼玛特质）所产生的结果，这种内在方式根植于正直，并由勇气所支撑。

第九章　激活文化

今天越来越多的人拥有了生活的手段，但却失去了生活的意义。

——维克多·E·弗兰克尔①

作为本书的一个预设，我们所倡导的"阿尼玛特质"（内在方式）具有积极的社会影响，它能够并且将会改变警察（或任何，就此而言）的组织文化和它所服务的社区（或客户群）。

本章将介绍一张"激活"文化的全面的路线图。请注意这里的细微差别。路线图只是展示了到达目的地的过程；它没有填写所有的细节（你在何处停车加油、吃饭、娱乐、休息等）。这些细节对于每种情况都是独一无二的。激活的过程考虑到了本书第一章提到的迫在眉睫的现实：只需要粗略地阅读一下历史或每日报纸，就可以得出人类拥有独特地位的结论。他们可能是最危险、最自私、最残酷、最不可预测的生物，也可能是最值得信赖、最无私、最善良、最可靠的生物。更令人困惑的是，同一个人有时会因为受害者与家人和朋友的观点截然相反而登上新闻头条。本章还考虑了美国心理协会的网络期刊《美国心理学会在线杂志》中关于阿布格莱布监狱丑闻的一名专家证人所记录的这一立场（也在第一章中讨论过）：

---

① 智慧语录，http://www.Brainy Quote.com/quotes/quotes/a/aldoushuxl101185.html（2008 年 11 月 13 日访问）。

善与恶之间的界限是可以渗透的……我们任何人都可以跨越它……我们认为我们都有能力去爱或去作恶，去做特雷莎修女，去做希特勒。这一切均由环境所决定。①

要解释"人类拥有独特地位"这一现实，需要一个综合体系以打造一种"环境"，才能促使个人成为"特雷莎修女"而不是"希特勒"（可以这么说）。用当前对H1N1流感（猪流感）的关注来说明对综合环境体系的需求可能会有所帮助。从表面上看，H1N1的首要问题（2009年春季）似乎是没有免疫接种。与其他流感病毒一样，它显然是通过咳嗽、打喷嚏和接触被污染的物体表面，从受感染者传播给他人的。很明显，如果人们生病了，他们应该减少与他人接触，并在咳嗽或打喷嚏时沿用正确的习惯。

"环境"带来的是善还是恶的问题在于，大多数环境自然地倾向于使邪恶的想法和行为在较低的水平上持续发酵。我们用这个例子来解释原因：假设我们每个人都被一种叫作S1OO流感的"社会病毒"所"感染"（其中S1OO代表"自我♯1—其他对象"）。当我们与其他人接触时，病毒的毒性会呈指数级增长，因为一个载体的OO部分会在另一个感染者的S1部分产生杂交，反之亦然。由于我们总是被"感染"，简单地避免与他人的接触是不可能的。即使我们与他人没有直接的接触，我们文化中的一切也会助长这种"病毒"。媒体广告不断地向我们灌输以自我为中心的信息和期望。即使是偶然的接触，比如与他人擦肩而过，也会触发这种病毒，让我们产生嫉妒或自以为是的想法和感受，因为我们会下意识地、不停地对诸如地位、外貌、衣着、珠宝、交通工具和伴侣等事物进行比较。就像目前的猪流感一样，对于S1OO流感，永远不会有免疫接种或任何抗病毒治疗。唯一能与之对抗的资源就是我们所说的"AIOE流感抗体"（AIOE代表"阿尼玛特质，根植于正直，将他人视为与我们同样重要的人"）。这种流感抗体将与同S1OO流感一样险恶的个人和社会腐败现实作斗争。当S1OO流感肆无忌惮地蔓延时，正直就会

---

① 梅利莎·迪特曼（Melissa Dittman），"是什么让好人做坏事？" APA在线：心理监测35，第9期（2004年10月），http://www.APA.org/Monitor/oct04/goodbad.html。在这篇文章中，美国心理学协会前主席菲利普·津巴多（Philip Zimbardo）引用了一项研究，以帮助解释在阿布格莱布发生的伊拉克虐囚事件背景下的罪恶。

在一股"强权即公理"的洪流中蒸发。为了得到我想要的，为了清除障碍，其他人都可以变成被操纵的对象，或被全能的自我所忽视的对象。对那些被视为物体或被以物相待的人，以及那些感染了 S1（Self♯1）的人来说，自然而然地会做出以下反应：

- 盲目地、不假思索地接受权力持有者关于冲突（强权即公理）的说法，并因此转变成一种心理契约，通过这种契约我们来解释所有其他事件。
- 放弃持久的是非原则。
- 通过对组织和社区进行颠覆性的攻击，使其渗入社区态度、生活和对话中，并由此达成一种社会契约，通过这种契约，人们的期望得以形成，群体的思维得以固化。①

与那些在组织中受到不公平待遇的人交流时，我经常遇到这种情况。他们讨厌将人格物化的待人方式（也就是说将其地位降低为物体），但同时却能接受将他人人格物化（360°的改变）："我讨厌你把我视为物体并且以物相待，但我能接受你的约定条款；作为回报，我同样会把你和其他人视为物体并且以物相待。因为我既不相信你的人格，也不相信我自己的人格。因为你对我使用了直接的和颠覆性的操纵策略，我也将对你使用同样的策略。我说我讨厌这种做法，但对此又没有免疫功能。不知不觉间我被卷入别人的腐败和背叛之中——就像飞蛾扑火一样。这种令人发指的游戏规则在某种程度上已植根于我的内心深处；我盲目地、不假思索地按照这种邪恶的规则行事。"

如果组织的领导者对此不作为，那么就会形成一个反复无常、充斥着敌意和愤世嫉俗的环境。这种社会环境普遍存在于许多执法机构中；遗憾的是，他们已经习惯了这种环境，对它没有任何质疑。最近，我参加了一个会议，结果却只能目瞪口呆地坐在那里，看着那些我错误地以为会欢迎对组织进行深刻变革的人，因为长期以来他们一直觉得自己是现状（S1OO）的受害者。领导学院的一些改革举措（借助 AIOE 重新设置社会环境）为他们提供了在会议上发声的机会，而他们却

---

① 要讨论这些契约是如何在组织中形成的，参见丹妮丝·卢梭《组织中的心理契约，理解成文和不成文的协议》，加利福尼亚州千橡市：世哲出版社，1995。

带着过时的关于规则教科书（S100）中那些令人眼花缭乱的预设来到会议桌前。我很快便起身告退，由于自己的主观臆断，所准备的发言内容与此次会议的主题不符；未公开的会议议程是"强权即公理，我们同样拥有为自己发声的权利"。对抗潜在的 S100 流感自然传播的唯一途径是，组织和社区中的每个环境结构都必须将 AIOE 流感抗体作为一种积极的社会风气予以支持和宣传。

我并不想给大家泼冷水，但要改变一种有着悠久历史传统和根深蒂固的社会契约的文化确实具有挑战性。即使是组织内部以及社会上那些最卑劣、最离谱的看法和预设，也会深深积淀在组织的结构中，无论其破坏性有多大，都会显得合乎规范。为了解释这一点，可以重温之前第一章关于一氧化碳中毒的说明，患者会自动倾向于将所有症状归咎于其他原因，而不管相反的证据多有说服力。一位新晋升的警长最近告诉我，他和妻子购买了一栋"需要修缮的"房屋。幸运的是，他的岳父鼓励他购买了一氧化碳探测器。他安装一氧化碳探测器的当天，它就开始发出警告。他以为探测器出了故障，想方设法查找问题所在。就在他查找问题根源期间，他注意到他和妻子都感觉不舒服，而且越来越严重。他继续试图找出他全新的一氧化碳探测器的问题所在，这时他发现家里养的金鱼突然死去，而他却还坚持寻找并尽力"修缮"一氧化碳探测器的问题。但不管他如何修理、修理多少次，探测器都不断发出警告声，他最终放弃了修理并打电话给消防队。消防队员告诉他，他的房子里确实含有致命的一氧化碳。设想一下父母住在这样一栋弥漫着无味但却致命的气体房屋内（没有一氧化碳检测器）的悲剧吧。看到自己和心爱的孩子病情日益严重，却以为"我们都是食物中毒"，因此继续在正夺去他们性命的同样环境中"睡觉"。[1] 假如父母能花费片刻时间思考一下："如果我对问题真正所在的预设有缺陷怎么办？"或者，让我们回到上一个流感病毒的例子，如果有人能想到"致命的 S100 病毒就在我体内"，那么各种可能的思路和解决方案就会向他们敞开大门。但可惜的是，我们并非天生如此。我们自动地倾向于如下假设：

---

[1] 可悲且具有讽刺意味的是，当我正在撰写这一章节并完成了这个虚构的故事之后，我的妻子告诉我一个四口之家被发现死于一氧化碳中毒的真实事件。他们在一场筹款拍卖会上赚了些钱，准备入住科罗拉多州阿斯彭市一个耗资 900 万美元的全新小屋。请参见 http://abcnews. go. com/US/story? id＝6376209&page＝1（2009 年 12 月 4 日访问）。

- 我对一件事的看法就是事物本身的样子。

- 我对一个人的感觉就是他或她本来的样子。

- 我对一件事的记忆就是它过去应有的样子。

- 如果你不同意我的观点,那么你就是愚蠢的撒谎者或精神病患者(与现实脱节)。

具有讽刺意味的是,这种假设的思想基础(所有的问题和误解对我来说都是外在的)是自我强加的极端的无知、欺骗甚至精神错乱。人们并没有把这种假设看成是一种病态,唯一的原因可能是认为它具有片面性。但是,不要以为你所在的组织或堪萨斯市警察局能够轻易地去除这些假设。请记住,当你读到此处时,通过领导学院以及各种各样的倡议,其中的一些假设已经在堪萨斯市警察局制度化了。还有一些正在讨论中;另有一些尚未启动。

"健康的人会自言自语;不健康的人会倾听自己。"我不知道这句话的出处;我从许多人那里听到过很多次,但没有一个人承认自己是此话的原创者,这让我很困惑。然而,把这句话用在此处却非常切题:在我们的语境中,如果我们倾听自己,我们自然会听到 S100 病毒的声音。我们必须把 AIOE 流感抗体这种思维方式强行灌输到我们的良心(弗洛伊德用语,指超我向自我传达命令的部分)之中。与之相反,S100 病毒可能会说:"既然我不是首席执行官或警察局长,既然文化如此根深蒂固,那么我对此无能为力,我甚至不会去尝试。用勇敢、正直、尊重的对话和行动来维护正义,简直就等于职业自杀。"除了少数几个立场坚定的人之外,这是过去几年里我在无论是执法部门内部还是外部所遇到的主要反驳。奥尔德斯·赫胥黎抓住了这一严酷现实的本质:"愤世嫉俗的现实主义是聪明人在无法忍受的情况下无所作为的最好借口。"[①]相反,就所有意图和目的而言,我在本章中所写的转变过程,始于他人借给(位于职级最底层的)警察的一本书,这本书就是格斯和黛安·李的《勇气:领导力的支柱》。在堪萨斯市警察局,这一转变过程并没有结束(事实上才刚刚起步,但却是一个良好的开端)。我因为自己缺乏正直、勇气和品格而受到挑战;同时也对重要核心价值观的显著作用以及由此产生的对

---

① 参见 http://abcnews.go.com/US/story? id=6376209&page=1。

执法部门无条件尊重的影响所震撼。刚开始我只是写了一篇关于无条件尊重的文章(请人审阅),然后在可能的情况下传阅这篇文章并讲授这一理念。最初吸引我的是从许多部门成员那里得到的敌意和反驳。但现在情况已有很大的转变,就连格斯·李本人也对我所付出的努力予以肯定,并帮助我克服了对如何激活一种文化的无知。目前发挥无条件尊重的力量已成为一个相当复杂的混合倡议,许多部门成员都成了热心的支持者(主要是,但绝不限于,我在领导学院的合作者丹尼尔·施默警官、道格拉斯·斯基普·考克斯中士、詹姆斯·托马斯上尉、堪萨斯市警察局心理学家凯·怀特、沃德·史密斯中士、纳塔琳娜·埃勒斯上尉、迪塔·雅各布斯中士和我的合著作者奇普)。此外,天意使我们的努力得以持续。我意识到,整个倡议随时都可能瓦解,而且似乎经常处于瓦解的边缘——但我们怎么能举手投降并停止不前呢? 在我们发现和倡导的重要核心价值观的驱使下,我们蹒跚前行。

概念结构

为了使组织的环境结构视图概念化,我们将再次引用第二章中使用的金字塔图(请参阅图 2.1)。记住一些基本的前提:

(1) 金字塔上层的所有问题最终都取决于最底层的问题而存在或消散。为了解释这个问题,请考虑一下适用于金字塔底层的关于正直的扩展定义:不顾我个人的喜好、恐惧、偏见、忠诚、图式和理由而辨别是非。如果所有决策者和所有成员始终以完全正直的态度行事(这在人类中是不可能的),那么它终将形成一种体制,从功能上消除所有与人有关的错误和社会侵蚀。

(2) 金字塔的顶端与其他部分不同(它代表对问题的积极响应,这些问题潜伏在出现错误的各种环境中)。开始时这个顶端会引起诸多关注,但最终应该是最不受关注的。正如刚才所提到的,当问题出现时,便给顶端提供了独特的机会来检测隐藏在组织环境中的缺陷。这是因为执法往往是被动的(而不是主动的),注重结果(而不是过程)。也就是说,除非出了什么问题,让我们付出了代价,否则"无伤大雅"。换句话说,如果我通常以粗鲁和居高临下的态度与市民交谈,只要没有任何投诉得到证实,那么这种行为往往就会被忽视。忽视破坏性态度和行为的问题在于：只要你不处理这种态度和行为，就等于你在纵容它。未处理的行为变成了一种心理契约和社会契约，其影响力远大于组织未统一执行的既定政策。如果有人态度粗鲁、居高临下而不加以处理，这实际上会成为组织社会环境中的一个缺陷，并会导致潜在的灾难（参见第四章以了解此类悲剧）。进行根本性或系统性原因的分析和评估并不意味着警察对其行为不负个人责任。相反，若其中有一个问题是源于其个人的"阿尼玛特质"（正直），那么必须花时间和精力对此人进行指导、培训和帮助；否则，如果需要，或者在需要时，果断地对其进行处理，并仁慈地允许他找一个不需要高尚品格的职业（就像执法部门所做的那样）。这是一个关键问题。我的经验：通常，当指挥官听到根本性或系统性原因分析过程时，他们的想法是，"哦，你是在为警察找借口——你在帮助他们逃避个人责任。"但事实远非如此。识别组织中根深蒂固的体系问题和自我欺骗都与问责有关。每一层级的体系问题都应该有人承担责任，而这正是一些指挥官不希望暴露的。如果你的组织不愿意对所有成员的绩效和决策进行考核，那么你最好现在就把这本书放下，无须再浪费你的时间。

请再次参阅第二章中的图 2.1。金字塔顶端以下的一切都必须经过设计和持续的评估，这样才能使事情朝着正确的方向发展。当我们深入研究组织环境金字塔时，请继续参考图 2.1。

每一层级的简要概述

（1）功能环境与警察使用的设备、工具、器械以及物理环境（建筑、道路、车辆等）有关。

（2）结构环境与书面文件、政策、纪律流程、评估过程、培训过程等有关。

（3）社会环境与组织的传统、规范、价值观、习俗、英雄、图式、群体思维、派系、忠诚等有关。

（4）阿尼玛环境与个人有关。从积极的方面来说，它是个人的正直（辨别是非的能力以及尊重每个人人格的意愿）和勇气（愿意为那些对所有人来说都是正确的事情而行动，不顾来自社会以及其他反对力量的压力）。从消极的方面来说，它是自我欺骗（对他人怀有恶意、懦弱或在内心为忽视他人的行为找借口）。

阿尼玛环境

若是以问题的形式提出："一个组织如何打造一种环境以培养和发展每个成员的阿尼玛特质呢?"那么简短的回答是,组织必须围绕这一事实进行聘用、培训、严格要求并承担责任:执法行业需要能对他人以人相待的个人"阿尼玛特质"(内在方式),这种特质根植于正直,以勇气为支撑,并表现为对所有人无条件的尊重。因为整本书都在展示这些方面的重要性,而且各方面之间是相互依存的,所以在本章我一般只会提到实现过程。第二章包含了"30 法则"下的一系列图表,这些图表说明了各方面之间的相互依存性(请参见图 2.2a – 2.2j),请读者回顾一下这些图表。我将提到几本我认为非常好的书籍和具体的培训过程。我确信其他高质量的资源可以达到同样的目的,但以下过程建立在我个人的知识和经验基础之上。

聘用前

由于受聘者需要参与招聘的整个过程,因此应该引导他们获取并阅读由格斯和黛安·李合著的《勇气:领导力的支柱》这本书。阅读此书之后,他们应该围绕重要核心价值观、勇敢的领导模式和个人责任等问题写一篇简要概述。这篇概述应该成为他们入职前考核的一部分,而面试问题则应围绕个人责任展开。如果没有表达出与重要核心价值观保持一致的意愿,那么就不应该被聘用。

为了支持这一过程,参与招聘和培训的每个人(从最高指挥官到每个警察和职员),都需要参加一门我们在堪萨斯市警察局领导学院称之为"勇于沟通的重要核心价值观"的课程。以下是本课程的基本内容:作为课程的前期准备,学员要阅读《勇气:领导力的支柱》一书中的关键章节,并完成"品格商数"练习。在为期五天的课程中,学员们应专注于重要核心价值观(正直、勇气和品格)的有关概念。其目的是当每个学员结业时,他或她将:

- 了解重要核心价值观(HCV)及其所具有的激励作用
- 围绕重要核心价值观在他或她的生活和工作场所的实施情况,建立个人问责制

• 具备口头和书面有效沟通重要核心价值观的技能

为了实现这些目标,在课程学习中,学员们负责完成一个小组项目,以促进对书中关键概念的学习,其中就包括 CLEAR(集体交流、积极用心地去倾听、有针对性地提问、和睦相处)这种沟通模式,以便进行勇敢、中肯、尊重的对话。学员们还要接受专业写作课程培训(我们使用的教材是富兰克林·柯维的《写作优势》——每位学员不仅能学到如何清晰、简洁、有效地进行写作,而且还能学到专业的有关写作风格的指导)。随后,所有学员都要完成一份"重要核心价值观应用报告",以证明:(1) 重要核心价值观的承诺和实施过程(包括"伙伴检查",在这一过程中,邀请战略合作伙伴帮你检查道德盲点,如是否存在正直缺失),这将成为培养个人正直、勇气和品格的引导性指标;(2) 重要核心价值观如何激励组织(滞后性指标);以及(3) 如何将重要核心价值观纳入其工作并使其制度化。在堪萨斯市警察局领导学院课堂上所提交的此类学员报告中,有一份事实上已被纳入堪萨斯市警察局人事部门的职务手册。在课堂上,不同阶段完成的论文由不同的学员进行评阅,然后围绕重要核心价值观的应用进行深入探讨。为了完成课程学习,必须将论文带回工作场所,并由学员的直接主管和至少一名直接下属(或同事)阅读并与之讨论。最后,还需在工作场所就建立和维持重要核心价值观再次进行讨论。

为了确保招聘过程始终围绕重要核心价值观,所有成员必须共同努力,建立一种使"伙伴检查"既规范又符合预期的环境,并将重要核心价值观纳入其工作的方方面面,尤其是甄选和招聘的整个过程。

一旦被聘用

一旦被聘用,所有的学员都应该接受阿宾格研究所的培训课程"选择"和"选择@工作"。这些课程可以选择与《领导力与自欺欺人:跳出条条框框》和《和平剖析》两本书一同推出。作为课程的一部分,课前准备阶段应该阅读《领导力与自欺欺人:跳出条条框框》这本书,而课后则应该阅读《和平剖析》。培训的第三天应该是战略沟通课程,该课程主要围绕我们倡导的"阿尼玛特质""和平金字塔"以及《勇气:领导力的支柱》一书中的 CLEAR 沟通模式进行。随着学员职业的发展,

"选择"以及"选择@工作"的内容应定期更新，一方面要保持与时俱进，另一方面要适用于学员不同的任务。同样，教师和实训教官也应接受"教育中的选择"课程，而那些参与指导、辅导、调解或谈判的人员则应接受"干预中的选择"课程。学员们还应每年接受战略沟通模式的培训。

所有成员都必须被视为领导者而加以培养，并且应该像上面所描述的那样，在入职后的最初几年内接受关于"勇于沟通的重要核心价值观"的培训。当他们晋升到监督和管理职位时，他们应该接受进一步提高其效力的培训，如弗兰克林·科维的《执法的7个习惯》和《领导力：伟大的领导者、伟大的团队、伟大的成果》。我们在警监晋升培训（针对那些已经度过了试用期，即将晋升为警监的警察的培训——前提是他们通过了考核）中使用的是弗兰克林·科维的领导力教材，为达到培训目的，我为他们在校的前五天设定了一个假想场景：

今天是你就任巡逻队长的第一天。即将见到你的新警长让你很兴奋，现在他/她要来上课了——听着，好像只有你一个人在听课。当警长走进教室时，他/她非常生气，因为一份表扬推荐信传到了上届警长的指挥系统，他/她感到受到了羞辱。这份表扬推荐信已被撤回，并要求解决导致事件发生的一个似乎违反政策的问题。警长希望"一查到底"，以杜绝此类事件的再次发生。巡逻队长很快发现，不仅警长生气，而且谣传已经伤及了普通警察，他们既害怕又愤怒。信任度处于历史最低点，工作效率也大幅下降。对问题的研究发现，整个部门过去一直是从操作层面理解政策并以此行事，这既不符合规定，也没有人真正理解问题之所在。整个班级被分为几个工作小组，每个工作小组都有一名现任警监作为小组导师。在讲授有关领导力原则的过程中，导师与教官一起，共同帮助小组的每个成员理解如何在现实生活中运用这些原则，并为他们指出一些基本的行事方法，使他们能够将问题转化成阐明目标、调整系统、激发信任和发挥才能的机会。之后，候选人利用课堂上的时间制定一个行动计划，包括引导性指标和滞后性指标。然而，在学员们实施这项计划之前，必须说服生气的警长，让他/她相信这项计划比忽视根本原因和惩戒警察要好得多。为了做到这一点，应向学员们传授《勇气》一书中的CLEAR沟通模式，并向他们提供实践的机会。最后一天的课程包括完成行动计划和观摩表演（作为小组导师的警监是评判者），学员应与几个来当演员的警长进行角色表演。对参与者进行的评判,是看他们能否根据四项要求制定行动计划,以及他们能否按照 CLEAR 沟通模式与生气的警长进行有勇气且有针对性的对话。

我们必须利用每一次机会培养警察的性格,建立组织规范,使他们能为正确的事情而行动,尤其是当组织规范与之相悖时,必须坚持不懈地通过高质量的培训来发展个人的"阿尼玛特质",并有意识地将其与最高的组织优先事项和重要核心价值观联系起来。

在堪萨斯市警察局,为了进一步支持阿尼玛环境,我们还开设了警司培训班,其模式与警监培训班的模式有很多相似之处。培训主要以"选择"和"选择@工作"以及判断干扰因素倡议(JIFI)训练为基础,内容包括按照 CLEAR 沟通模式与"生气的、思想封闭的警长"进行沟通的观摩表演和一个写作项目(写作优势),以减少判断干扰因素和愤世嫉俗等悲观情绪的产生。

在 2009 年的在职培训中,每位执法人员都接受了一门 4 小时的课程,题目是"战略意识的基础",该课程主要围绕本书的关键概念(无条件的尊重以及战术和人际关系)展开。

社会环境

如果社会、结构和功能环境不支持培养和发展每一位警察的个人"阿尼玛特质",那么上述所做的一切工作都将是徒劳的(请再次参考第二章中的"30 法则";见图 2.2a - 2.2j)。在警察文化中,管理层(尤其是行政团队)的责任感和透明度通常较低,因此他们必须更多地注重个人"阿尼玛特质"和责任感的培养。在进入管理层之前,组织成员必须了解这一点。如果做不到,那么愤世嫉俗、冷漠和不信任就会像坏疽一样生长蔓延,腐蚀它所触及的一切。

三个"检查"问题

以安全、匿名的方式,向每个成员提出以下问题,以便对你的组织进行一次快速检查:

• 我觉得我的组织鼓励安全、开放、诚实的交流,尊重不同的意见,从而产生更好的想法。

- 我觉得我们组织的所有成员自上而下都对结果负责。
- 我觉得我可以完全信任我的组织。[①]

要求成员选择一个数字,表示他们对每个语句的同意程度,从0(完全不同意)到10(完全同意)。让他们把所选数字加起来,除以3得出平均数。把所有成员的数字加起来并得出一个总的平均值。我个人认为,如果总的平均值不到7,组织就在默默地流血;低于5,组织就在大出血;低于3,组织已经没有生气,且很可能已出现以下情况:

- 人们感觉自己被当作物件看待和对待——在这种情况下,他们会以同样的态度对待同事和社区成员(参见第二章)。
- 信任度较低。
- 悲观情绪较高。
- 失去机遇。
- 才华和创造力被猜疑的海洋所湮没。
- 流言蜚语到处蔓延并正在毁掉一切。

阻止流血

首先,如果管理团队已经从"选择""选择@工作"和"勇敢沟通的重要核心价值观"等系列课程中获益,那么这是一个很好的起点。但即便如此,也应按照规定的方式重新审查。所有指挥官都应认识到,他们不仅对自己的行为负责,而且对本组织的整体社会福祉负责,特别是对那些受他们直接影响且属于他们职责范围内的事情负责。如果组织的社会环境因充斥着玩世不恭而流血,那么指挥官(以及所有的成员,就此而言)就迫切需要摆脱自我欺骗(见第二章)并诚实地面对自己。为此,我建议管理人员举办一次为期三天的培训,培训内容包括"选择"和"选择@工作"等课程,参加培训的人员包括有影响力、受尊重、有一定威望的普通警员(由普通警员自己选出)以及任一劳工团体的代表。我们的目标是打造一个"不墨守成规"的环境,这样就可以进行真正的交流,相互之间也可以做到真正的理解。第二天的后半天应

---

① 想更全面地了解这一概念,请参阅富兰克林·柯维(Franklin Covey)的《执行的四个原则》一书。

该集中精力"解决职场共谋"。组织应该推荐那些值得信任的、敢说真话的成员参加该课程学习(总共不超过 30 人)。第三天应该是判断干扰因素倡议(JIFI)概述(本章稍后将解释 JIFI)。在培训取得一定成效后,我建议从这个较大的团队中,组建一支较小的"突击队"(大约 15—20 人)。这个小队应该由数量大致相同的管理人员和普通警察以及两到三名社区成员组成。该"突击队"将以"勇敢沟通的重要核心价值观"为整个课程的培训内容,每一个队员需要完成一篇"重要核心价值观的应用报告",其目的在于:(1) 建立和培养队员们的正直、勇气和责任感;(2) 将重要核心价值观作为具有鼓舞人心的社会影响力注入组织;以及(3) 制定解决组织某一领域内最紧迫问题的详细计划(即第二天课程中的职场共谋)。同样,作为课程的一部分,在完成报告写作的每个阶段都要进行分享、校对和讨论。这些报告应尽快提交并在组织的各个层面进行展示,促使组织采取行动,阻止流血。

解决问题小组的目标是培养一种组织文化,这种文化:

- 根植于重要核心价值观

- 视所有人为人并对其以人相待

- 支持为正确的事情而行动(勇敢的领导)

- 推动安全、开放、诚实的沟通模式(CLEAR)

- 拥有自上而下透明的问责制,这样那些"拒绝上门"的人就可以被除名(见第二章"30 法则")

- 视"伙伴检查"为规范性的行为

- 消除"蓝色沉默墙"或 omerta(有组织犯罪的沉默守则)

消除流言蜚语

上述所有进程都应努力打造一个植根于重要核心价值观并坚持不懈地践行这些价值观的社会环境。所有成员都应接受培训,并鼓励他们基于持久的是非原则进行勇敢、尊重和中肯的对话。流言蜚语和谣言像毒药一样具有腐蚀性,必须予以揭露并主动将其消除。

实现这一目标的另一种方法是设立一个程序,为每个部门的关键成员(被同行认为是值得信任和有影响力的人)在指挥链上预留一条"开放的通道",使其能直接与一名指定的指挥官沟通,而每一个指挥官手下则应有两到三名能公开接触到流言蜚语和谣言的人,这样就有希望让流言蜚语和谣言及时被报道、解决和消除。

重要核心价值观和基本使命定位

下面的图片使用视线对齐概念来说明一个非常重要的概念,用于创建和维护组织的价值观和使命之间的一致关系。再来看看另外两个会因失误而导致生命丧失的行业——航空业和医学界:人们发现,僵化的等级结构会危及飞机的安全。因此,航空专业人士有意教导害羞的初级驾驶舱机组人员大胆发言,而资深人士也应接受这一建议。[①] 医学已经发现,阻止病人感染危险的、有时是致命的继发性传染病的正确方法就列在一张简单的清单上。为有效防止病人传染,应鼓励所有的医护人员,不管其级别的高低,充分了解和利用好这张清单。[②] 具备一定的经验和知识非常重要,但传统的等级结构实际上会危及人们的生命。换句话说,重要核心价值观和基本使命非常重要,组织在这些方面必须保持"扁平化"。这就像在手术前洗手一样,不管你是医院里最有名的首席外科医生还是新雇的护士,你必须洗手。另辟蹊径是十分荒谬的,但在许多情况下,另辟蹊径正是警务等级结构所导致的结果。每个人(从上到下)都躲到权力结构的背后,好像权力能使错误的命令转变为正确的行动。请花点时间查看并阅读"视线对齐"图(图 9.1a—9.1d)。

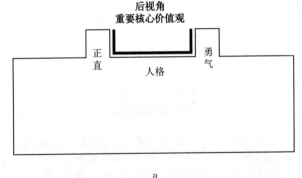

a

---

① 斯蒂文·罗伯逊,《驾驶舱中的等级(军事航空行动中机组成员之间的沟通)》,《飞行安全》,2002 年,第 2 期,第 3 页。accessmylibrary,http://www.accessmylibrary.com/coms2/summary_0286-43018_(2009 年 8 月 15 日访问)。

② 阿图尔·加万德,"清单",《纽约客》,2007 年,http://www.newyorker.com/reporting/2007/12/10/071210fa_fact_gawande? currentPage = all(2009 年 8 月 15 日访问)。

前视角
基本使命

执法的基本任务是与我们的社区建
立伙伴关系，然后利用这种伙伴关
系向我们的社区和组织灌输安全、
保障和繁荣的理念。

b

任务、目标、立场或行动只有与重要核心价值观和基本使命保
持一致时才是合法的。

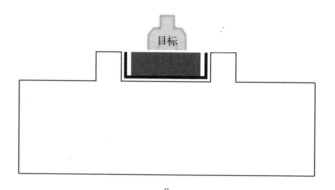

c

任何与重要核心价值观和基本使命不一致的目标、使命、立场或行
动都必须接受挑战并遭到拒绝，无论其级别或忠诚度如何。

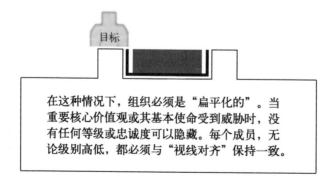

在这种情况下，组织必须是"扁平化的"。当
重要核心价值观或其基本使命受到威胁时，没
有任何等级或忠诚度可以隐藏。每个成员，无
论级别高低，都必须与"视线对齐"保持一致。

d

图 9.1

判断干扰因素倡议（JIFI）

判断干扰因素倡议（JIFI）可定义如下：

　　查明并减少将执法任务与投诉、诉讼、社区信任及支持的丧失、内部玩忽职守、设备与资源的损坏及破坏、伤害、死亡、暴乱和灾难等联系起来的因素。

组织的社会环境必须解决的另一个问题是，要让组织意识到并主动消除判断干扰因素（参见第四章"培训过程中的意外后果"一例）。在堪萨斯市警察局，判断干扰因素倡议是寻求解决这一问题的重要工具。由于这一举措在执法领域是开创性的，还处于形成阶段，所以我将借用以往的案例进行解释。

在这些以往案例中，位居第一的是落在我身上的一个研究项目（分配项目的当天我不在场）。该项目是关于对个人防护装备（PPE）的培训和部署，这些装备是2001年9月11日之后由国土安全部为堪萨斯市警察局配备的。我遇到了许多与肺活量计（一种测量进入和离开肺部的空气量以确定最小容量的仪器）有关的问题（这些问题大部分都被忽略了），这些问题包括肺活量计的认证、装配、穿戴（不阻止血液循环至四肢）、训练（考虑到因受压迫而产生的极度不适感——战术灵活性问题、水合作用、中暑和沟通），以及去污问题（因为不能使用我们发放的清洁工具进行清理）。在此期间，我拜访了一位朋友罗伯特·卡罗尔，他是航空公司的维修工程师兼培训师。他告诉我，我所处理的问题被称作人为因素或判断干扰因素。鉴于我在一个大型警察局中任培训教官，但却从未听说过这一概念，罗伯特感到很惊讶。罗伯特和他的主管史蒂夫·吉多尼很乐意为执法人员安排为期一天的课程"航空公司维护中的人为因素"。我召集了一批具有不同执法背景和富有各种执法经验的人员参加培训。在培训过程中，教员们介绍了12个因素，他们亲切地称之为"肮脏的一打"：

- 缺乏沟通
- 各种条条框框
- 疲劳
- 压力
- 缺乏资源

- 缺乏团队合作

- 缺乏知识

- 缺乏意识

- 注意力分散（易被引导）

- 自满

- 压力：内部和外部

- 缺乏自信

这12个因素在日常工作和灾难之间属于因果联系。他们的观点是，当一项任务由于人为错误（通常是错误的根源）而导致灾难性的后果时，12个因素中至少同时有4个因素存在，通常是8个左右。这些因素之间存在着因果关系，所以关键的问题是，你只需要找出并清除其中一个因素，灾难就可以避免。这一观点本身就代表着重大的机遇，但对像执法这样以反应为主、以结果为中心的文化来说，又是一个至关重要的障碍，因为你无法举反证。例如，在课堂上，我惊讶地了解到，在历史上最严重的航空事故中，超过578人死亡，其中一些主要的人为因素是沟通不畅和缺乏自信。这起事故发生在1977年3月27日，当时荷兰皇家航空的747-200航班和泛美航空的747-100航班在加那利群岛的特内里费机场跑道上相撞。如果当时副驾驶能从道义出发，鼓足勇气，阻止飞行员起飞，那么事故就不会发生。但副驾驶可能会因此而失去工作。为什么？因为如果飞机没有发生碰撞，就不能证明副驾驶救了578人的生命。唯一能被证实的事情是，他让这家航空公司最受尊敬的"准点"飞行员感到尴尬和愤怒，并导致一架满载乘客的大型客机因昂贵的航班延误而陷入困境。这就是我与航空培训师们在错误链概念上的巨大区别。我坚信，串在错误链上的个人因素（危险）就像串在绳子上的珍珠。如果绳子断了，那么整个错误链就会崩溃。所有这些"危险"所依赖的"绳子"就是自我欺骗（见图9.2）。这就是为什么我一直提到第二章的"30法则"（图2.2a—2.2j）。一个组织必须始终支持在四个层面上采取正确的行动：(1) 个人阿尼玛特质发展；(2) 社会支持；(3) 结构性支持——政策、培训和制度；(4) 功能支持。请再次参考"视线对齐"图（图9.1a—9.1d）。

在这次"航空公司维护中的人为因素"培训班结束之后，我对参加培训的这批人员进行了调研（这是一批覆盖几乎所有执法领域且富有综合执法经验的人员），其中一个问题是："你是否认为判断干扰因素或类似的因素对警察工作有影响，并将警察的任务与问题和灾难联系起来？"答案是肯定的。

随后，我调查了堪萨斯市警察局内是否有人了解并考虑过这些人为因素，并积极尝试减轻人为因素以减少问题和灾难，从而保护堪萨斯市警察局的工作人员和社区成员。答案是否定的。

显然，如果没有意识到这些人为因素，那么就不可能有缓解策略。这本身就是一种不可接受的危险，会使堪萨斯市警察局成员和社区陷入不必要的危险之中，也使堪萨斯市警察局面临难以估量的民事诉讼费用。之后，我展开了一项非正式的调查，调查对象是我在执行任务过程中所接触到的有关国内的警察领导者和培训人员。所有迹象都表明，迄今为止，在执法过程中还没有做到广泛认识、跟踪调查或有意缓解判断干扰因素。一些理念比较先进的机构会设置一个"风险管控"办公室，但其大多数管理都是针对已经出现的问题，而不是通过在机构所有关键层面上识别和减少人为因果关系来主动帮助事情朝着正确的方向迈进。

危险绳索

所有这些危险所依赖的"绳索"以及把任务与灾难联系在一起的都是自我欺骗。

盲目的预设和图式，被个人的辩解和/或针对他人的责备所强化，使得不受挑战的自欺欺人变成无意识（讨论或不同意都不安全）的群体思维。

移除绳索，整个错误链就会消失。

连接不在，错误链不存。

缓解策略应该针对识别和消除每个单独的危险，但主要的精力应该始终放到消除所有危险所依赖的"绳索"上。

与"危险绳索"有效互动的唯一方法是首先假设"我的自我欺骗就是那条绳索"。

图9.2

这一认识促使我开展了一项长期计划：尽量推动堪萨斯市警察局或执法部门的有关人员正式研究并实施判断干扰因素倡议。几年后，作为"未来管理和决策委员会蓝图"的一个子项目，这项倡议终于从政策层面获得了支持，并已成为本书所阐述的一揽子倡议中较为生动的一部分。在此，我需要提到该倡议与无条件尊重问题的直接关系。导致组织出现问题的首要原因是沟通不畅。克服导致沟通不畅这一问题最快捷、最可靠的方法是无条件的尊重，这种尊重根植于正直，以勇气为支撑。另外，至本书出版之时，可能会通过布莱恩·考特尼，密苏里州公共安全区域中心和司法援助局主任（他们一直协助我们的工作）的努力，关于我在堪萨斯市警察局开展的这一项目，给其他机构至少提供一些概述性的培训。可以通过http://www.missouriwestern.edu/rcpi/访问他们的网站。

识别和缓解干扰因素的基础将建立在本章所提出的概念中，最终将涉及以下内容：

（1）建立这样一种认识，即所有的判断干扰因素（"肮脏的一打"，或某些执法领域特定的混合因素）最终都出自自我辩解，而自我辩解终将变为自我欺骗。例如：

- 我知道切片机配有刀片防护装置，但它对我并不起作用——我会安全的。

- 我知道我已经连续 26 个小时没有睡觉，但我可以安全地开夜车送家人回家。

- 我可以以每小时 100 英里的速度开车，只是为了好玩；我是警察，所以我知道我在做什么。

- 我知道史密斯警官像对待垃圾一样对待市民，但这不是我的问题；他是警长的下属——所以这是警长的责任，而不是我的。

- 为了把"坏人"送进监狱而在报告中撒谎是可以的；这样做是为了更多人的利益。

（2）制作一张矩形展板，标注从个人到团队层面识别和减少干扰因素的可靠流程。

（3）收集确凿的数据来证明干扰因素的问题性质（比如目前关于疲劳的研究）。如果该因素从组织层面看是系统性的（无论从个人层面或团队层面都无法缓解），那么一份高质量的研究报告自然会从展板上铺开（从矩形展板中剪切和粘贴）。

并不是所有的干扰因素都可以被消除（因为它们属于工作的一部分），但是当干扰因素被识别出来(暴露在阳光下)并有意识地对其进行处理后,它们的有害影响却可以得到缓解。

JIFI(判断干扰因素倡议)流程还将包括针对高风险/低频率/无自由裁量权时间(HR/LF/NDT)等事件的认识和日常培训,这些事件要求警察在紧张、不确定和快速变化的环境中应用大量的策略和技能。例如,如果一名警察看到另一名警察使用看似不合理的武力,但又不可能了解另一名警察所面临的情况(比方说,嫌疑犯藏在身体下面的一只手里拿着枪),那么这名警察应该怎么做? 按照 JIFI 流程,工作小组将对他们所遇到的 HR/LF/NDT 事件进行鉴定,并与该领域的专家合作,创办标准化、务实且持续的培训(SVROT),并在内容和使用频率上进行验证。戈登·格雷厄姆①提出了一个很好的建议,这种类型的训练应该每天进行,只持续几分钟。每天都是培训日——处理已确定的 HR/LF/NDT 事件之一,以不断强化其重要核心价值观和基本使命。

• 作为提醒,所有的问题都应触发一个红色团队来对组织结构和流程的方方面面进行审查。红色团队协作是一个结构化的重复过程,由接受过培训、教育和有实践经验的团队成员承担,他们可以获得相关的专业技能,特别适合进行批判性分析。红色团队协作为决策者提供了锻炼其应对持续挑战能力的机会。

• 操作环境的预设。

• 从合作伙伴和对手的角度进行规划和操作。②

每一件事和每一个人(除了重要核心价值观和基本使命)都应该摆在桌面上接受审查——没有幕后看不到的"绿野仙踪",也没有不能被淘汰的类似"神牛"(神圣不可侵犯)的方法。

---

① 戈登·格雷厄姆(Gordon Graham)曾是加州公路巡警、律师和风险管理专家,在他的推动下,高风险、低频率、无自由裁量权等事件的认识和培训的做法得以推广。

② 转载自格雷戈里·丰特诺(Gregory Fontenot)(美国陆军上校,已退休),"看到红色:打造一支有能力服务蓝色力量的红色团队",《军事评论》(2005 年 9 月至 10 月),http://usacac. army. mil/CAC /milreview/English/SepOct05/SEPOCT05/fontenot. pdf(2009 年 6 月 6 日访问)。我(杰克)非常感谢格雷戈里·丰特诺先生,他让我有幸参加了在堪萨斯州利文沃斯堡的外国军事和文化研究大学举办的为期六周的"红色团队成员课程"。这种类型的培训应该成为执法部门的规范性培训——"我们一直都是这样做的"这一文化使预设和群体思维蒙蔽了双眼。

社区反馈

前面提出的三个检查问题为组织提供了一种简单的方法以对自己内部的社会环境进行评估(富兰克林·科维的"4个执行规程"提出的是全面的检查),但仍然存在一个关键性的问题:我们是否有效地利用与社区每一个成员的每一次接触机会,围绕执法的基本使命建立了伙伴关系?[①]我并不是指提供客户服务这句老话。我指的是一个简单的概念,即社区成员是否觉得他们被视为人,并受到无条件的尊重?(见第六章)。很明显,这就从文化和结构上使执法部门通常的工作方式发生了转变。在第七章我们提到,这种转变已把"数豆子"的工作——对工作效率的统计分析——从计算规定领域内执法活动次数这一简单而且不健全的过程中剥离了出来。这是因为关注的重点不再是诸如人员配备、汽车检查、行人检查、执行搜查令等引导性指标。我建议,新的引导性指标应是在组织之外成立一个独立的部门,不断地对随机选择的社区成员进行简单的后续跟进,看起来像这样(这显然需要根据你所在地区的实际经验加以改进或打磨):

> 下午好,我是本市社区合作团队的乔·史密斯。我们的记录显示:琼斯警官已经离开了你的住所,因为你报告了一起入室盗窃案件。我能问您两个简单的问题吗?根据您所接受的服务,从一到十,您推荐朋友或亲戚搬到我们社区的可能性有多大?(以数字的形式回答)您能简单解释一下为什么您会这样评价我们吗?

应该实施诸如此类的调查工作,以便从那些接受过警察服务的人、前往警察机构办过事的人,以及与警察打过交道的人中得出随机抽样调查结果。这样的调查甚至应该针对那些收到过交通罚单并被逮捕的人。调查结果应该主要用作滞后性指标,给组织当前的阿尼玛环境和社会环境(见图1.1中的金字塔)以及与社区建立伙伴关系的成效提供关键性的反馈。反馈的主要目的是帮助组织进行自我纠正,而不是揪出问题成员。显然,解决有些调查结果所反映的问题可能需要

---

① 弗雷德·雷希霍尔德,《终极问题:推动利润扭转和真正增长》,波士顿:哈佛商学院出版社,2006年,这是了解这一概念的重要参考书。

额外的支持和培训,偶尔还需要再进行内部调查,但即便如此,这些调查结果也应该促使人们通过推倒金字塔的方法"主动解决问题",寻找各个层面的功能失调之处并予以修复。

上述的引导性指标(警方接处警后立即进行的跟进调查)将为收集数据(社区成员的回复)提供依据,这些数据可用来预测基本任务——建立社区伙伴关系——的成效。综合起来的结果能预测我们的最终目标——社区的安全、保障和繁荣(见第七章)。

我认为,作为组织评估过程的一部分,另一个重大滞后性指标应该是从我们的社区招募和留住许多高素质的少数民族人才。人们自然会希望为这样一个组织工作:在这个组织里,所有的成员将你视为一个人,以尊重的态度对待你,大家为一个共同的目标而释放出自己的创造力。

结构环境

结构环境指的是组织的书面文件,如组织的使命、宗旨、战略计划、价值观、政策、特殊命令等。

无论何时,只要金字塔顶端出现问题,所有相关的培训、政策和文件都应该由"红色团队"进行评估和审查。以下是推动评估的标准。

文件必须根植于重要核心价值观,并支持基本使命

所有的政策都必须支持为正确的事情采取行动(同样,请参见第二章图2.1a—2.1j中的"30法则"),并在基本使命和重要核心价值观之间保持"视线对齐"(图9.1a—9.1d)。要做到这一点,所有起草或审查政策的成员都需要参加前面为人事部门工作人员所开设的"勇敢沟通的重要核心价值观"课程。所提交的每一份重要核心价值观应用报告都应再次证明以下几点:(1) 个人的承诺和兑现过程(包括"伙伴检查"制度),以培养个人的正直、勇气和品格(引导性指标);(2) 如何对组织产生激励作用(滞后性指标);以及(3) 如何将重要核心价值观融入所要承担的任务(政策的制定)中。

文件必须明确无误

文件一旦制定出来,而且每个层面都对其重要核心价值观进行了审查,那么就应该由"最终用户"对其校对,以验证其解读方式是否与预期的制定目标一致。曾有过两次这样的经历,那些参与起草一项已经被使用了多年的政策的人,后来却为如何解读这项政策争论不休。两次都出现目瞪口呆的制定者大声辩解:"这项政策不应该是这样解读的。"如果一名警察,及其所在的整个部门,一直都在努力就含糊不清的书面政策达成善意的谅解,那么在不好的结果出现之前,没有人真正知道或关心该项政策的模糊性(见第四章所涉及的两名警察被解雇之情况)。如果你用一项含糊不清的政策来"敲打"警察,就相当于你在传播恐惧、悲观和冷漠。因此,文件的编制必须认真仔细,并由必须遵守这些文件的人员进行审核校对,看其是否清晰易懂。

文件必须与操作规范无缝衔接

一旦这些文件植根于重要核心价值观,并经过审查,证明其语言简明易懂,那么文件和操作规范(实战现场)之间必须无缝链接。如果没有这种无缝链接,操作规范就变成了组织内部的心理和社会契约,从而使得不到社会支持的书面文件相形见绌。同样,如果一名警察,及其所在的整个部门,一直都在与书面文件不相符的操作规范下工作,那么在不好的结果出现之前,同样没有人真正知道或关心此事。同样,如果你用此类书面文件"敲打"警察,就会造成一连串的人事问题。有些人甚至认为,这种行为会导致犯罪率大幅上升,因为警察们会出于恐惧而设法逃避执法。①

文件必须经过不断地审查和完善

如果操作规范取代了书面文件,那么就需要重新审查,以确定哪些政策更牢固地植根于重要核心价值观,并符合组织的最高优先事项,然后进行必要的调整。

---

① 欧内斯特·埃文斯博士,摘自杰克·卡希尔的《经济困境的礼仪》,英格拉姆斯在线杂志,2009 年 4 月,http://www.ingramsonline.com/March_2008/index.php。

所有评估过程必须与组织的既定价值观和优先事项相联系

本书对此问题已讲了很多，所以这里就不赘述了。可以这样说：虽然几乎所有机构的组织价值观和对使命的定义都符合皮埃尔原则，但几乎没有一个评估过程与其对使命的定义或价值观相联系。大多数"数豆子"工作（对工作效率的统计分析）强调的是简单而又不健全的统计过程，而不是统计结果。评估过程的偏差可能导致另一种配置不当的情况出现，并将为持续的混乱、恐惧和冷漠埋下伏笔。评估过程应该在红色团队的持续监督下进行。

必须不断检查所有培训过程，以防出现意外后果

有关培训意外后果的例子，请参见第四章。因此，当问题出现在金字塔顶端时，所有相关的培训过程都应该由"红色团队"进行审查。

功能环境

再一次，请参考"30法则"（参见图2.2a—2.2j）以了解功能环境的重要性。作为功能环境问题，人们还应该考虑到社区中房屋和庭院的物理外观对犯罪活动的影响。现在，让我们把注意力集中到执行任务的警察身上。

如今，警察接触的装置和设备越来越复杂，对警察的期望也越来越高，所有这些似乎与人们对"警察是谁以及警察所做工作"的认知有关。

人非圣贤，孰能无过

人们犯错误就像呼吸一样司空见惯。这些错误大部分都不会造成重大问题，但有些会；事实上，一份"联邦政府审计局（GAO）报告……指出：人为错误率是造成重大系统故障的关键因素（在50％范围内）"。[1] 错误有两种基本类型：失误和

---

① 詹姆斯 A. 法默，"在海军采购过程中实施人类系统集成的挑战和机遇"，《国防研究期刊》，2007年2月1日，http://www.accessmylibrary.com/coms2/summary_-32681766_ITM（2009年9月4日访问）。还请注意，GAO现在是政府问责办公室。

错误。

失误是一种自动的潜意识行为，比如在键盘上按错了键这种无害的行为，或者像打算使用电传导能量武器（非致命性武器）时却拔出手枪这样危险性极大的行为。导致失误的原因是没有经过深思熟虑。

错误是经过深思熟虑的。许多使人类具有创造性、洞察力、灵活性和反应能力的特质，也会导致我们得出错误或不正确的结论。[①]

这两种错误类型都受到人类与周围环境的交互作用的显著影响。要使功能环境变得积极主动，就要在购买设备之前对其进行审查，以确保其设计符合人们实际使用设备的能力。"这些能力包括培训及使用设备所需要的认知、身体和感官技能。"保持主动性意味着在问题出现时，对人机界面进行调查，以寻找可能的因果联系。这是科学；这样做不是为了寻找替罪羊。恰恰相反，如果没有这样的调查，人类就成为替罪羊——这是无休止的错误循环的基础，也是设备用户因错误而受伤和/或受到惩罚而产生恐惧和悲观情绪的基础。[②]

举一个极端的例子，回顾一下我在肺活量计认证、装配、穿着、培训和净化方面提出的问题。假如发生了一起"火车失事"灾难，需要大量的身着个人防护装备的警察前去营救。警察对个人防护装备运用环境不熟悉，对其呼吸、热量、触觉、战术和使用限制更是一无所知。今天是华氏 90 度，阳光明媚。警察先从制服上拿掉皮制警用装备，然后将个人防护服套在制服外面。防护装备是用带子系在身上的；许多警察开始感到呼吸困难，有些警察甚至因为设备压迫呼吸而变得轻微缺氧。密封的防护装备内部温度快速飙升，导致警察身体大量出汗，衣服和身体都开始膨胀，身体系带处的血液循环受阻。而且他们很快就意识到，皮制警用装备不能很好地固定在个人防护服外面，他们使用装备的灵活性受到限制。当一些人开始出现中暑的最初症状时，人们这才发现便携式通信设备毫无价值，未经测试的取水系统也无法正常使用。此时，警察们却被紧急部署到情况急剧恶化的危险环境中。因此，最容易寻找的替罪羊就是将错误的决策、战术的失误以及随后

---

① 唐纳德 A. 诺曼，《日常事务的设计》，纽约：基础图书出版社，2002 年，第 105 页。

② J. J. 克拉克和 R. K. 古尔德，"人类系统集成（HSI）：确保设计和开发在采办过程（HSI）早期符合人的实际使用能力"，《计划经理》第 31 期，第 4 卷（2002 年 7 月至 8 月），第 88 页；通过 Gale 获得的军事信息与情报，http://find.galegroup.com/itx/start.do? prodId = SPJ.SP02（2009 年 3 月 6 日检索）。

的连锁反应所造成的噩梦般的后果都归咎于被部署的警察。

有关警用巡逻车功能环境的其他例子：

·安装在警用巡逻车驾驶室内的所有设备都必须经过审核，设计时应把人类注意力的有限性这一实际情况考虑在内，因为巡逻车的驾驶者不是想象中的完美的机器人。

·移动数据终端和枪架等设备的位置必须便于使用并且不影响视线；同时，若遇到碰撞，不会给驾驶员造成盲点或额外危险。

·增添一些简单的附加设施，使（配备警灯和警报器的）出警车辆在穿过十字路口时更安全。例如安装一个设施，使警察能以按喇叭的形式代替鸣警笛。另一种选择是，要么不使用警笛（这降低了被其他司机注意到的可能性），要么增添一个能帮助警察在关键时刻将注意力从道路上转移，把手从方向盘上拿开以启动警笛的功能。

小结

我想执法史上曾经发生过这样的事件：一个组织因为死亡、受伤、起诉、诉讼、执法行动或者起诉了错误的对象而蒙受了人员的损失，并且：

·在新闻界受到应有的羞辱

·成功地被起诉（或成功地解决问题以避免被起诉）

·因治安混乱而成为民众批评的对象

·承受着失去社区信任所带来的压力

而在上述四种组织环境中，如果能采取积极主动的应对措施，哪一个事件中的灾难是无法避免的呢？有人愿意计算一下与此相关的成本吗？其成本可能大得令人无法想象。

最后一个提醒，记住这一点：所有的问题都应该触发一个"红色团队"来对组织的结构和流程进行方方面面的审查。

最近，我们堪萨斯市警察局的一位副局长参加了一次国际警察局长协会举办的研讨会。会后他向我们报告说，即使在我们国家那些重要的警察组织中，也隐藏着一种令人担忧的暗流。这股暗流就是低落的士气。我认为这种普遍低落的士气并不令人惊讶，而是不可避免。但与此同时，士气低落也是可以改变的。本章提出了一个全面的计划以激活组织文化。我选择使用"阿尼玛"这个词，是因为整个激活过程都植根于个人的"阿尼玛特质"，尤其是那些将着手实施这些改变的人。正如医学界经过反复痛苦的试验和失误所发现的那样，一个愿意实施复杂而精细手术的人必须拥有干净的双手和开放的思想。否则，"帮助者"会在不经意间成为功能障碍和损失的制造者。因此，一张个人"阿尼玛特质"的清单在这里就至关重要：

• 对那些执法对象我是否能以人相待？他们的梦想和抱负是否与我的梦想和抱负一样重要？或者是说，他们仅仅是我取得成功的障碍，需要改变他们甚至将让他们推开？

• 我是否建立了自己的诚信，在工作中是否接受完善的"伙伴检查"制度？

• 随着时间的推移，我是否培养和发展了自己的品格，表现出始终如一的正直和勇气？

• 随着时间的推移，我是否能始终如一地对所有人表现出无条件的尊重？

如果所有这些问题的答案都是"是的——尽管不完美，但每天都在成长"，那么你就拥有了一双干净的双手和开放的思想，可以着手进行深入、细致的手术，为组织文化注入活力。我们祝愿你取得圆满成功，并期待着听到你的人生、组织和社区发生变化的精彩故事——故事的主人公拥有崭新的形象：正直、有道德勇气并且无条件尊重所有人。

译后记

　　仲夏之月,万物方盛。江苏警官学院"世界警学名著译丛"之《发挥无条件尊重的力量:转变执法与警察培训》一书的翻译工作即将告一段落。本书是由美国密苏里州堪萨斯市警察局的杰克·L·科尔威尔警官和查尔斯·奇普·胡特警官合著的。杰克拥有多项国家认证的有关领导力和个人发展培训方面的证书。奇普是国家级培训官,也是国家执法培训中心的副主任。正如测谎专家弗兰克·马什在本书"前言"部分所说:警察和执法机构能否成功地执法并确保人身安全完全取决于他们如何看待自己和他人。杰克·L·科尔威尔和查尔斯·奇普·胡特所著的《发挥无条件尊重的力量》一书非常成功。接受并贯彻"无条件尊重"理念能够帮助警察提升工作表现、人身安全和工作效率,减少工作压力以及来自公众的抱怨。执法机构采纳"无条件尊重"理念能够提升整个机构的工作效率、团队士气并增进沟通。书中所倡导的以正直为根基、以勇气为支撑、无条件尊重所有人的"阿尼玛特质"将对执法机构的改革起到推动作用。

　　由于原著的专业性较强,涉及面较广,对于作为普通英语教师的译者而言,短时间内正确地理解和把握原文,并在忠实于原文的基础上,用准确、流利的中文清楚地表达出来,无疑是一项具有挑战性的工作。所以,翻译的过程既是一个学习的过程,也是一个创作性转换的过程。原著所涉及的大量人物、机构和出版社名称,除大家熟知的以外,其他皆为音译。对于一些重要的专业术语、人物名称或者首字母缩略语,译者在该词首次出现时会附上英文原词,以便读者查对。

　　江苏警官学院的李继红老师和袁飞老师承担了本书的翻译工作,具体分工为:袁飞老师负责前言、致谢、介绍、作者简介以及第一、二、三、四章的翻译,李继红老师负责第五、六、七、八、九章的翻译以及全书的修改和统稿工作。

　　本书由江苏高校优势学科建设工程资助项目(PAPD)专项资金资助出版。江苏警官学院的领导和同仁们为本书的出版提供了大量的帮助和支持。江苏人民出版社的张凉老师对本书的中文译稿进行了多次校阅。译者的家人们也为此付出了许多额外的辛劳。在此,我们一并表示诚挚的谢意! 虽然译者已尽最大努力,但由于学识和水平有限,错误与不妥之处仍在所难免,敬请广大读者朋友们不吝指正。

李继红

2021 年 7 月于南京